ESTRATÉGIAS EM
SERVIÇO SOCIAL

EDITORA AFILIADA

Dados Internacionais de Catalogação na Publicação (CIP)
(Câmara Brasileira do Livro, SP, Brasil)

Faleiros, Vicente de Paula, 1941 –
  Estratégias em serviço social / Vicente de Paula Faleiros
– 10. ed. – São Paulo : Cortez, 2011.

  Bibliografia.
  ISBN 978-85-249-0667-1

  1. Serviço Social 2. Serviço Social – Metodologia I. Título.

97-4904   CDD-361-3018

Índices para catálogo sistemático:

1. Estratégias em Serviço Social 361.3018
2. Metodologia : Serviço Social 361.3018

VICENTE DE PAULA FALEIROS

ESTRATÉGIAS EM SERVIÇO SOCIAL

10ª edição
5ª reimpressão

ESTRATÉGIAS EM SERVIÇO SOCIAL
Vicente de Paula Faleiros

Conselho editorial: Ademir Alves da Silva, Dilséa Adeodata Bonetti, Maria Lúcia Carvalho da Silva, Maria Lúcia Silva Barroco, Maria Rosângela Batistoni

Capa: DAC
Preparação de originais: Ana Maria Barbosa
Revisão: Maria de Lourdes de Almeida e Agnaldo Alves
Composição: Dany Editora Ltda.
Secretaria editorial: Flor Mercedes Arriagada
Assessoria editorial: Elisabete Borgianni
Coordenação editorial: Danilo A. Q. Morales

Nenhuma parte desta obra pode ser reproduzida ou duplicada sem autorização expressa do autor e do editor.

© 1997 by Autor

Direitos para esta edição
CORTEZ EDITORA
Rua Monte Alegre, 1074 – Perdizes
05014-001 – São Paulo – SP
Tel.: (11) 3864-0111   Fax: (11) 3864-4290
E-mail: cortez@cortezeditora.com.br
www.cortezeditora.com.br

Impresso no Brasil – junho de 2018

Sumário

Prefácio 7

Capítulo 1   Acerca do objeto do Serviço Social: uma proposta de desconstrução no contexto brasileiro 11

Capítulo 2   Acerca do objeto do Serviço Social: uma proposta de construção 27

Capítulo 3   O paradigma da correlação de forças: uma proposta de formulação teórico-prática 43

Capítulo 4   Estratégia de fortalecimento e articulação de trajetórias 67

Capítulo 5   Articulação estratégica e intervenção profissional 83

Capítulo 6   Questionando a metodologia do Serviço Social: re-produzir-se e re-presentar-se 97

Capítulo 7   Desafios da construção do método 113

Capítulo 8   Relações sociais e sujeitos históricos da ação profissional 127

Capítulo 9 Confrontos teóricos do movimento de reconceituação do Serviço Social na América Latina 141

Capítulo 10 Alternativas metodológicas da pesquisa em Serviço Social 163

Capítulo 11 A categorização dos pobres: os desafios do contexto organizacional e institucional 179

Bibliografia 197

Prefácio

O conjunto de onze textos, aqui reunidos, foram escritos de 1985 a 1997 e têm como tema comum a questão das estratégias de ação em Serviço Social, o que implica a discussão de seu objeto, da relação teoria-prática, dos desafios de se elaborar uma metodologia, de se construir categorias, de enfrentamento do contexto organizacional, enfim, de se articular mediações.

O ponto comum articulador de todos os textos é a permanente relação entre história, estratégias e teoria. A perspectiva histórica em que situo os trabalhos permite desvendar as relações e os significados das posturas teóricas, ao mesmo tempo em que é feito o trabalho teórico sobre a própria história em que se situam as estratégias de ação no confronto de posições. Os textos não têm por objetivo explicitar esses confrontos, mas refletem um posicionamento teórico-político no sentido de trabalhar o fortalecimento dos oprimidos na estratégia de aliança entre profissional e usuário. A discussão dessas estratégias configuram a especificidade ou a particularidade desse conjunto de textos, não com o propósito de apresentar um pacote de fórmulas de intervenção, mas, ao contrário, de definir um processo de articulação de mudanças de relações entre atores/forças para o aumento de poder dos sujeitos usuários da ação profissional. Assim é entendido o conceito de estratégia, não atrelado, portanto, ao voluntarismo dos sujeitos. Os diferentes capítulos são definidos como propostas: de construção do objeto, de formulação teórico-prática, de análise das categorizações presentes nos contextos organizacionais. É como *uma* proposta de construção teórico-prática do Serviço Social que gostaríamos que este livro fosse lido. Ao agrupar diferentes textos, datados de épocas diferentes, permitimos ao leitor uma visão de conjunto dessa construção.

O capítulo 1 é o trabalho mais recente e resulta da sistematização de vários momentos da história do Serviço Social brasileiro. Este texto é uma versão corrigida de uma conferência realizada em Belém no I Congresso de Assistência Social da Amazônia, em 9 de maio de 1997. Aí fazemos uma breve reflexão sobre a reconceituação do Serviço Social. O capítulo 2 se articula ao primeiro, trazendo a polêmica sobre o objeto do Serviço Social hoje em torno da chamada "questão social". Ele foi originalmente escrito para a revista *Debates Sociais* e data de 1996. O capítulo 3 é também de 1996 e coloca em evidência o paradigma da correlação de forças formulado por nós em 1982, discutindo-o novamente. Foi publicado originalmente em *Cadernos Técnicos do SESI* nº 23, de 1996. Já o capítulo 4, escrito em 1993, faz parte do Memorial para concurso de professor titular e foi publicado em Portugal na revista *Intervenção Social* nº 9, de junho de 1994, abordando o conceito de "patrimonialização", fortalecimento do sujeito, estratégias e trajetórias. O capítulo 5 dá sequência a essa discussão, tendo sido objeto de uma conferência na OSEC em Osasco no ano de 1993. O capítulo 6 faz parte dos *Cadernos ABESS* nº 3, publicado em 1989, no contexto da discussão acadêmica sobre metodologia do Serviço Social, e articula a relação entre as condições de reprodução da força de trabalho e sua condição de ator social. No capítulo 7, escrito em 1989 e publicado em 1991 nos *Anais da VII Semana de Serviço Social* de Franca, fazemos uma interlocução com outras propostas de formulação da metodologia do Serviço Social. O capítulo 8, apresentado no Congresso Brasileiro de Assistentes Sociais em Natal, e publicado em 1991 pela Editora Cortez em *ANAS-VI CBAS — Congresso Chico Mendes*, trata da relação sujeito/força de trabalho, discussão que começamos em 1986 com o texto do capítulo 9 sobre os confrontos teóricos do movimento de reconceituação, originalmente publicado em *Serviço Social & Sociedade* nº 24 de agosto de 1987. O capítulo 10 aborda as estratégias de pesquisa em Serviço Social, tendo sido publicado no n° 21 de *Serviço Social & Sociedade* de agosto de 1986. O capítulo 11 é uma versão bastante modificada de um texto publicado no n° 35 de *Paroles et Pratiques Sociales* em 1990, tratando das estratégias organizacionais de inclusão/categorização dos pobres.

Estes trabalhos têm profunda vinculação entre si, embora não estejam encadeados numa seqüência previamente estabelecida. O livro permitirá a consolidação de um trabalho de reflexão sobre a relação teoria/prática em Serviço Social, iniciado em 1970, principalmente quanto ao aprofundamento do que temos denominado "o paradigma da correlação de forças". Neste conjunto de textos aprofundamos alguns conceitos que fazem parte do paradigma, como o de força, mediação, estratégia e sujeito da ação, que pressupõem uma concepção das relações sociais na sua dinâmica estrutural e conjuntural. Ao enfatizarmos as questões vinculadas à particularidade do Serviço Social, não o estamos desvinculando da sua inserção estrutural e conjuntural. Ao contrário, a perspectiva central deste conjunto de textos é entender essa particularidade nesta inserção, tentando contribuir para que a intervenção seja fundada em pressupostos teóricos e metodológicos inscritos numa visão estrutural e histórica das relações sociais. Nesta visão, não é demais reafirmar, as relações de poder e saber são assimétricas, marcadas pela hegemonia, decorrentes da divisão social e técnica do trabalho. Essas relações se mediatizam por um processo complexo de dominação/dominações, implicando dominação de classe, gênero, raça, paternidade/filiação, cultura, etnia, ideologia, saber, posição hierárquica e outras que se venham a desvendar.

A construção de estratégias de fortalecimento dos sujeitos, na perspectiva deste trabalho, implica, justamente, o trabalho das relações de força para que se possa desvendar e construir mediações de mudanças de trajetórias, sem os equívocos do voluntarismo e do determinismo.

Brasília, agosto de 1997

Capítulo 1

Acerca do objeto do Serviço Social: uma proposta de desconstrução no contexto brasileiro*

O objetivo deste capítulo é o de situar teórico-historicamente os momentos marcantes do processo de descontinuidades e rupturas na articulação do objeto do Serviço Social ao longo de sessenta anos. Não se trata de uma análise minuciosa, mas de uma compreensão global elaborada a partir de nossa própria trajetória intelectual e de várias pesquisas sobre a história do Serviço Social no Brasil.

Para situar melhor a questão do Serviço Social no Brasil, farei uma breve retrospectiva histórica, com o objetivo de, ao mesmo tempo, desconstruir e construir o objeto do Serviço Social. A discussão sobre o objeto parece, e de fato é, inesgotável pela mesma dinâmica de sua inserção histórica e teórica, podendo-se construir e desconstruir o objeto de intervenção profissional, conforme as diferentes perspectivas de análise nas diversas con-

---

* Conferência pronunciada em Belém (PA) por ocasião do I Congresso de Assistência Social da Amazônia, em 9 de maio de 1997.

junturas. Situando metodologicamente a questão, é somente através dessa perspectiva histórica que poderemos, por sua vez, falar em construção e desconstrução do objeto da intervenção profissional. A análise do passado faz-se à luz do presente, com todo cuidado, é claro, para não cairmos nos anacronismos. Karl Marx, ao analisar o capital, tomou como ponto de partida o capitalismo na Inglaterra, na época o mais avançado e estruturado, para desconstruir a história das relações de classe antes do capitalismo. Seu ponto de chegada é, ao mesmo tempo, o ponto de partida. Essa é a perspectiva metodológica da desconstrução do objeto.

Hoje o Serviço Social inscreve-se num contexto econômico e político de profundas mudanças, cuja análise fiz em artigo publicado na revista *Serviço Social & Sociedade* de número 50, de abril de 1996.[1] A análise desse contexto neoliberal vem sendo feita de forma bastante aprofundada, como em Netto (1996). Estas referências poupam-me da necessidade de reiterar as discussões sobre o novo modo de acumulação, fundado no capital financeiro e ganhos de produtividade, articulado a uma política neoliberal de privatização e terceirização, com profundas conseqüências nas relações de trabalho e emprego e na gestão do social. O Serviço Social, nesse contexto, vê-se constrangido a reprocessar seu objeto de intervenção, referindo-o às situações de desemprego, de desencanto com o futuro, de des-responsabilização do Estado e responsabilização dos grupos, famílias e comunidades pelo seu sustento, de nova gestão das políticas sociais.

Ao pensar o Serviço Social, na sua história, não me reportarei a uma época longínqua, "até Adão e Eva", como afirmávamos em nossos tempos de estudante ao se abordar a história da ajuda. Vou situá-lo, inicialmente, nos anos 30, com a preocupação de visualizar a construção e a desconstrução de seu objeto de intervenção. No contexto político de um capitalismo dependente e agroexportador, embora com um processo incipiente de industrialização substitutiva de importações, as classes hegemônicas se articulavam em torno do que se pode chamar de burguesia

---

1. Ver também aqui o capítulo 11.

agroexportadora industrial, apesar de alguns acharem que não havia, propriamente falando, uma burguesia, o que hoje me parece cada vez mais questionado. Getúlio Vargas toma e assume o poder numa nova correlação de forças em que emergia a pressão do operariado e das classes médias, mas ainda com grande poder da Igreja Católica. A sociedade também passava por profundas mudanças no plano do conhecimento científico com o avanço das pesquisas médico-sociais, psicossociais, biológicas e sociais. Os trabalhos de Pasteur, Marx, Durkheim, Mendel, Darwin, Claude Bernard, só para citar alguns, no século XIX, abriram sendas de conhecimentos experimentais e comportamentais. Marx, no plano político, e Freud, já mais no final do século passado e início deste, no plano psicológico, questionaram também os fundamentos da sociedade da época. Apesar desse questionamento, nos meios científicos e profissionais predominou a idéia da biologização do social, aliada a uma profunda influência da moral e da ordem em relação a seu caráter religioso e conservador.

A desconstrução/construção do objeto do Serviço Social, nesse contexto, se alicerça tanto no processo conservador de manutenção da ordem como no processo "renovador" (para a época) de mudança do comportamento em função das normas de higiene social, controle biopsíquico, recuperação dos indivíduos. Assim, pressupunha-se que os profissionais formados nas recém-fundadas Escolas de Serviço Social (a partir de 1936) fossem atuar na mudança de comportamento das famílias e pessoas, para que melhorassem seus comportamentos e suas condições quanto à higiene, à moral e à sua inserção na ordem social. Estas são as três dimensões que articulam o objeto do Serviço Social no contexto econômico, político e cultural dos anos 30: a moral, a higiene e a ordem. Exemplos dessa articulação, na prática, podem ser vistos através das atividades das assistentes sociais subindo os morros das favelas para levar as pessoas a regularizarem suas relações de casal por uma certidão de casamento ou certidão de nascimento dos filhos e a evitar relações consideradas promíscuas ou perigosas: era a ordem moral e social para harmonizar classes sociais e edificar "a boa família", o "bom operário", o "homem ou a mulher sadia". Ao trabalharem nos juizados de menores, que começaram a ser organizados com o Código de Menores, promulgado em 1927, havia a preocupação de classificar as crianças que por eles passavam do ponto de vista da sua potencial periculosidade: era uma tarefa ao mesmo tempo biológica e higienística, baseada numa teoria biológica da criminalidade, como também uma inserção na ordem social através do conceito de periculosidade.

Não podendo, pelo tempo, aprofundar a dinâmica histórica, voltar-me-ei agora para os anos pós-Segunda Guerra Mundial, em que houve um novo processo de construção/desconstrução do objeto de intervenção profissional. Nesse contexto de meados dos anos 40, há significativa mudança na regulação econômica e política mundial com o advento da hegemonia norte-americana no mundo ocidental e da bipolarização ideológica do mundo entre regimes capitalista e socialista. Há também uma dinâmica de democratização e implementação, principalmente na Europa e Canadá, do *Welfare State*. No plano do conhecimento, a Segunda Guerra Mundial implicou a aplicação de grande quantidade de conhecimentos no esforço bélico, inclusive com a explosão da bomba atômica. A teoria da relatividade de Einstein (prêmio Nobel em 1921) havia revolucionado a física, e no domínio filosófico abria-se o espaço tanto para o existencialismo (Sartre) como para o estruturalismo (veja-se Saussure).

O capitalismo brasileiro, no contexto da democratização, continua internacionalmente dependente e atrelado ao Estado que, por sua vez, impulsiona grandes investimentos de infra-estrutura na ótica do desenvolvimentismo, que tem seu auge com JK em meados dos anos 50. Ao mesmo tempo que os filmes de *cowboy* e a bebida Coca-Cola, chega também ao Brasil, no âmbito do Serviço Social, o chamado método ou processo de organização e/ou desenvolvimento de comunidade. A construção/desconstrução do objeto de intervenção do Serviço Social sofre inflexões significativas, não tendo mais como eixo a ordem, a moral ou a higiene, mas a articulação da harmonia social na relação Estado/Sociedade. A melhoria das condições de vida, do meio, da comunidade deveria se dar com a participação dos grupos e líderes ativos "unidos pelo bem comum". Exemplo dessa construção teórico-histórica, na prática, pode ser visto através da formação de Clubes de Mães nos anos 50, os operacionalizados pela LBA

(Legião Brasileira de Assistência) e da Organização de Comunidade nos anos 60. Uma das grandes tarefas do Serviço Social era trabalhar com clubes de mães (não com cada mãe individualmente), para mudar as formas de cuidado em relação aos filhos recémnascidos e propiciar condições para inserção da mulher no mercado de trabalho. Puericultura com policultura e prevenção.

Dentre meus estágios, nos anos 60, havia que trabalhar com os clubes de mães, principalmente tendo em vista alguma perspectiva no sentido de prevenir doenças, de conscientizar gestantes, de articular obras sociais. Quanto às melhorias da comunidade, estávamos implicados na obtenção de condições sanitárias, campanhas de saúde, condições de habitação através da "*conjugação de esforços locais*", simbolizada na mobilização de líderes. Assim, o eixo teórico-prático da intervenção em organização de comunidade consistia em melhorar o meio, as condições imediatas, enquanto nos anos 30 consistia em mudar o comportamento do indivíduo e da família. Combinando esses dois pólos de intervenção, numa elaboração funcionalista, alguns teóricos do Serviço Social, como Harriet Bartlett, nos anos 70, elaboram o referencial da integração "meio-personalidade" através dos valores que são dominantes nas relações sociais. Os valores dominantes são aqueles que devem ser assumidos pelo Serviço Social nesse processo de integração e de adaptação que tenta articular a intervenção individual com a intervenção comunitária e grupal. As discussões sobre um método único de intervenção com "diagnóstico/tratamento/avaliação" voltam à tona, como o demonstra o Seminário de Teresópolis, no Brasil. Nessa época de ditadura militar havia o máximo controle da sociedade pelo Estado, desenvolvendo-se forte ênfase na institucionalização das questões e dos "indivíduos e grupos-problema", isto é, aqueles considerados irregulares, subversivos, desadaptados, marginais, marginalizados. Buscava-se construir a intervenção social trazendo-os da "margem", da "periferia" para a centralidade do consumo, da ordem, da norma, da normalidade vigente.

Tanto no período de vigência democrática como na ditadura predomina uma visão liberal da intervenção social, embasada no *esforço* individual que consiste na ênfase no "EU" do indivíduo, na estimulação do esforço individual para melhorar a si mesmo, ou no esforço comunitário para melhorar o meio. Essa perspectiva era, então, dominante na teorização norte-americana do Serviço Social e foi objeto de crítica em meu livro *Metodologia e ideologia do trabalho social*, em que teço um pouco dessa dinâmica histórico-teórica dos anos 50 e 60. A visão desenvolvimentista do processo social, ancorada na idéia de crescimento econômico, pressupunha a integração participativa de grupos ao projeto hegemônico, articulado pelo Estado e concretizado em uma grande variedade de projetos locais, como os habitacionais, em que o Serviço Social se engaja de uma maneira bastante intensa. Surgem as cooperativas habitacionais, os grupos de autoconstrução, os projetos de casa própria por mutirão, os grupos de melhoria do bairro, de corte e costura, de enxoval de nascimento, de horta caseira e comunitária, de produção de roupas, de formação profissional, entre outros. Na área rural houve o Serviço Social Rural, para ajudar a melhorar as condições de trabalho da população. O reforço dos valores dominantes pressupunha o reforço da crença de que todos podem se juntar para um trabalho consensual em benefício de "todos".

O questionamento desse modelo surge no bojo de um questionamento mais geral da sociedade e da própria eficácia do modelo. O questionamento geral advém das lutas pela independência dos países dominados, da denúncia do imperialismo, do aprofundamento da questão da luta de classes. Nos anos 60 emerge uma crise ideológica e política, ao mesmo tempo que de eficácia, no âmbito da profissão, implicando desconstrução e construção de seu objeto de intervenção profissional. No livro *Metodologia e ideologia do trabalho social*, já citado, mostro que a crise passa pelo questionamento duplo, tanto da hegemonia do projeto de integração consensual como do modelo do esforço próprio ou coletivo para melhorar de vida. Consenso e esforço eram combinados no fazer e pensar Serviço Social. A ruptura com esse projeto inscreve-se nas contradições gerais do contexto e nas contradições particulares próprias ao grupo profissional e às discussões acadêmicas.

Num primeiro momento coloca-se em crítica a ligação do Serviço Social com os países dominantes, seu caráter importado da Europa ou dos Estados Unidos, e, num segundo momento, é que se aprofunda o questionamento de sua ligação com as classes e valores dominantes. Esses movimentos de elaboração crítica articulam-se com as lutas estudantis e lutas políticas pela transformação das relações de dependência entre países e das relações de exploração e dominação entre classes. A chamada "geração 65", da qual participaram Seno Cornely, Herman Cruse e Juan Barreix, na América Latina, buscava um Serviço Social marcadamente latino-americano, questionando o importado, enquanto outros, já influenciados pela Revolução Cubana e pela luta anti-imperialista e anti-stalinista dos anos 60, passaram à crítica do processo de dominação de classe presente no Serviço Social, implicando também a crítica à burocratização do Serviço Social. Buscavam uma outra inserção do Serviço Social junto às classes trabalhadoras, na realidade a elas articulada. *O eixo da crítica se constrói ao mesmo tempo que o eixo da intervenção*, sendo esta a meu ver a marca central do movimento de reconceituação, no questionamento permanente da ideologia do consenso e do esforço através da prática da adaptação do indivíduo ou da harmonia social. A centralidade da intervenção na relação personalidade/meio/recurso muda para uma centralidade nas relações sociais de classe, de dominação de grupos. Essa desconstrução/construção de objeto implicou conseqüências profundas na identidade profissional, na prática profissional do Serviço Social, que se mesclou com a atividade militante ligada aos movimentos sociais e partidos políticos, para uns identicamente consideradas, para outros com interfaces significativas. De fato, a questão "o que é Serviço Social?" passou a ser mais contundente, um importante grupo de assistentes sociais não identificando claramente a especificidade da profissão. Outras profissões como enfermagem, pedagogia, psicologia passaram também a assumir uma dimensão mais social e política, trazendo mais água ao moinho da indefinição das especificidades.

O questionamento da ideologia do esforço e do consenso, a perspectiva e a prática de transformação social através das lutas sociais foram gerando um processo de aproximação e de aliança entre trabalhadores ou assistentes sociais e as classes trabalhadoras, traduzido na construção de um processo de compromisso entre profissionais (intelectuais, na expressão gramsciana) e povo e no trabalho do conflito e da crítica, como base da intervenção em Serviço Social. O compromisso entre profissional e povo (trabalhadores), a perspectiva do conflito e o processo de crítica podem ser considerados como constitutivos da base comum do que é, então, chamado Movimento de Reconceituação do Serviço Social, apesar de suas diferentes manifestações na Colômbia (método "Zabala" de aproximações sucessivas), no Chile (dialética da práxis do oprimido na Escola de Trabalho Social da Universidade Católica de Valparaíso), no Brasil (método da Escola de Serviço Social da Católica de Belo Horizonte), somente para citar três vertentes. No bojo desse Movimento há a preocupação com o desenvolvimento teórico do Serviço Social, ao mesmo tempo que a preocupação com sua dimensão crítica e política. O objeto da intervenção passa a ser construído/desconstruído historicamente nessa correlação de forças.

O que desconstrói o objeto é sua inserção teórica e prática nessa disputa de posições político-teóricas, nesse enfrentamento de paradigmas da compreensão da sociedade, de sua estruturação e mudança: é a perspectiva do conflito. Essa disputa, que, como vimos, não é só latino-americana, traz também conseqüências para a organização profissional, com a fundação de novos grupamentos, formação de tendências ou correntes de intervenção que não se distinguem apenas pela tradicional divisão entre "assistentes sociais de caso, grupo ou comunidade", mas por sua visão política. Assistentes sociais de caso e organizadores de comunidade, articulados na mesma visão crítica e política, passam a ver os problemas sociais num mesmo paradigma de inter-relações. Ao mesmo tempo o campo conservador da profissão também se reestrutura, retomando a ideologia dominante da disfunção social, modernizando-se em suas técnicas. Parece-me que nos anos 80 a polêmica era mais acirrada, diminuindo nos anos 90 com o enfraquecimento das forças progressistas e críticas no contexto neoliberal e de dissolução da bipolarização do mundo.

Uma parte do Serviço Social crítico, nos anos 80, veio a assumir uma identidade completa com os movimentos sociais, passando a funcionar, de fato, como um assessor político desses movimentos, tendo como objeto não mudar o comportamento ou o meio, mas contribuir para organização e mobilização social nas lutas específicas, seja por creches ou por direitos sociais, seja na luta mais geral (articulada ou não às primeiras) para derrotar o capitalismo.

Nos anos 90, com a mudança na dinâmica dos próprios movimentos que não se articulam tanto por bairros e problemas, mas por engajamento de sujeitos específicos como negros, mulheres, vítimas, homossexuais, na luta contra as discriminações, o próprio Serviço Social desconstrói e constrói a questão da luta de classes tal como colocada nos anos 60. Os movimentos de bairros, que foram importantes nos anos 60, muitos até apoiados pelo desenvolvimento de comunidade, não têm mais a mesma dinâmica reivindicativa e contestatória em face das mudanças das políticas sociais e das condições de desemprego da população. As lutas das chamadas "minorias" se articulam também com a necessidade de serviços. *Minorias*, nesse sentido, não se confunde com um grupo pequeno de pessoas, mas trata-se de um conjunto social que se encontra, se sente e se representa como discriminado e oprimido na sociedade, nas relações sociais estruturantes de classe, gênero, orientação sexual, raça, cultura. Nesse sentido, o movimento feminista, os movimentos de mulheres enfrentam a dominação machista e patriarcal hegemônica na sociedade. Há também movimentos específicos de grupos até então menos engajados nas lutas, como os aposentados, os doentes mentais, os deficientes. A vinculação das lutas a uma nova organização e prestação dos serviços sociais exige uma reconstrução (desconstrução/construção do objeto de intervenção), reprocessando a prática e a crítica na dinâmica de relações cooperação/conflito do Estado com a sociedade.

Não só mudam as relações Estado/sociedade como as relações entre os próprios movimentos e grupos, formando-se ONGs (organizações não-governamentais) de serviços, de formação, de defesa de direitos. As entidades tradicionais também vão mudando no bojo do processo de desinstitucionalização, no combate ao tutelamento institucional em troca de subsistência. As organizações não-governamentais ocupam campos tão diversos como a assistência financeira, a defesa de direitos, a readaptação, a consultoria, os cuidados a domicílio, a educação, a defesa do meio ambiente, a auto-ajuda, o atendimento e abrigo a vítimas de violência, a formação, a cultura. As relações sociais no âmbito da família, dos grupos, vão mudando para enfrentar a crise do desemprego, do trabalho precário, do envelhecimento da população, da prolongação do tempo de vida, da presença de novas epidemias como a da AIDS.

Cabe-nos refletir agora, ainda que de forma abreviada, sobre a construção/desconstrução do objeto de intervenção do Serviço Social nesse contexto de mudanças. Por um lado, diante da compressão de salários e redução de postos de funcionários, aumento de prontuários e implantação de novas relações com as organizações sociais, passa-se a exigir do Serviço Social a ampliação de seu trabalho administrativo, em detrimento do trabalho profissional de relação com a população, reforçando-se a tendência à burocratização, à administração de papéis, à administração de convênios. Exige-se que o assistente social se torne um burocrata que administre os *per capitas*, faça a inspeção das entidades, verifique se o papelório está de acordo com as normas e com a regulamentação e fiscalize as entidades que fazem convênios com o governo. Alguns que realizam seus trabalhos no âmbito do desenvolvimento de comunidade devem contribuir para que esta assuma a responsabilidade por serviços que antes correspondiam ao Estado, tornando-se agentes de promoção de grupos de produção. No âmbito da desinstitucionalização e da inserção social de pessoas desafiliadas (conforme a expressão de Robert Castel) ou excluídas, abre-se um campo de intervenção diversificado de prestação de serviços de informação, organização, formação, intercâmbio.

Ao mesmo tempo, a relação com os novos movimentos sociais acima indicados vai exigir um repensar da relação entre sociedade, cultura, economia e subjetividade, implicando, pois, uma articulação mais complexa com estes movimentos na construção da estima de si, da identidade individual e coletiva, na defesa de seus direitos e busca de sua autonomia, como veremos no capítulo 3.

Não quero reduzir o processo de desconstrução e construção do objeto a duas tendências: burocratização e administração exigidas pelo Estado ou reprocessamento da cidadania, exigido pelos movimentos sociais. Há uma dinâmica complexa de mudança de relações sociais na família, entre jovens, na busca e perda do emprego, de organização e reorganização de entidades e organismos que implica uma profunda reflexão sobre a inserção do Serviço Social nesse contexto para esclarecer a construção do nosso objeto nessa realidade. É preciso levar em conta também que a teoria monolítica do Estado burguês foi profundamente questionada nos anos 70/80, passando-se a considerá-lo numa correlação de forças hegemonicamente articuladas pelo bloco burguês, mas em conflito com outras forças que geram e gerem espaços de luta e ação.

Nesse sentido só é possível discutir alguns cenários, levando em conta a perspectiva histórica até agora considerada. O cenário burocrático-administrativo poderá ser reforçado pelo processo de privatização e terceirização, de redução do Estado, redução de pessoal, de corte nas políticas sociais, mas o processo de desinstitucionalização poderá abrir perspectivas novas de articulação da inserção social dos excluídos, de trabalho com as vítimas, de defesa dos direitos sociais.

O cenário que se abre para o trabalho junto às organizações não-governamentais pode vincular o trabalho social à administração de dossiês, como também à formação, à pesquisa, à constituição de banco de dados, à prestação de serviços diretos, à defesa de direitos sociais, à articulação de organismos sociais. No âmbito empresarial, os serviços de atenção às pessoas, em vez de gerência de recursos humanos, poderão abrir espaço para a preparação de mudança de postos, para a atenção à saúde (não somente médica), para a preparação para a aposentadoria, à prevenção de acidentes, à relação com as famílias, assim como ser restringido à diminuição dos impactos das demissões na vida pessoal dos trabalhadores, conforme a ótica empresarial dominante.

No cenário da relação Estado/sociedade há também a constituição de conselhos paritários, em que há necessidade de comunicação, formação, defesa de direitos, ampliação da participação. Trata-se de um trabalho de aprofundamento da cidadania, combinando-se integração e conflito para o desenvolvimento da autonomia das organizações e da qualidade da participação cidadã. O movimento de reconceituação centrou sua análise na questão de classe, na defesa do trabalhador, e hoje acrescenta de maneira nítida, ao processo de compreensão e intervenção social, a questão da cidadania. A questão da pobreza individual isolada deu lugar à discussão da questão de classes, hoje vista de forma mais complexa nas relações estruturais de raça, gênero e cidadania.[2]

É nessa dinâmica complexa de produção da sociedade que se constrói o Serviço Social, dependendo também da articulação de seus conhecimentos, da reflexão sobre seu fazer profissional, aprofundando o processo dialético das mediações que realiza para fortalecer os dominados e oprimidos nas suas mais diversas relações.

Finalmente, gostaria de fazer uma breve referência ao conceito de fortalecimento ou *empowerment* como objeto construído de intervenção profissional. Desde a publicação de *Metodologia e ideologia do trabalho social* e principalmente em *Saber profissional e poder institucional*, penso o Serviço Social como uma relação de poder e é nessa relação de poder que se produz a particularidade do Serviço Social no contexto de relação de forças. Nesse contexto de mudanças, a contribuição teórica será fundamental para não se perder a perspectiva histórica, assim como a perspectiva histórica foi fundamental para a construção da perspectiva teórica. A desconstrução/construção do objeto do Serviço Social passa por uma discussão das relações de saber e poder, aprofundando o olhar crítico e de conflito que advém dos questionamentos dos anos 60/70, da vinculação aos movimentos sociais dos anos 80, sem cair no dogmatismo ou relativismo. É preciso olhar profundamente o contexto das mudanças, seus pressupostos, sem repetir as discussões que se faziam nos anos 60. É preciso, hoje, desconstruir nossas próprias discussões, sairmos das trilhas já batidas, incorporando as preocupações e interesses dos grupos

---

2. Ver em meu texto *O que é política social*, São Paulo, Brasiliense, 1986, uma discussão da relação entre trabalhadores, pobres e cidadãos.

sociais organizados às considerações teóricas que elaboramos, sem deixar de lado a crítica ao campo conservador.

Nesse sentido, usando um termo moderno da informática, temos que reprocessar o objeto da intervenção, hoje, nas condições dadas. Estas condições apontam para uma perda de poder por parte das classes subalternas, do oprimido. Apesar das conquistas do direito de voto, de direitos civis, os trabalhadores, enquanto classe, estão com menos poder que nos anos 60/70, no sentido de organização, de enfrentamento do capitalismo. Sobretudo os sindicatos se vêem enfraquecidos, como demonstra a greve dos petroleiros de 1996. Os movimentos de bairro também perderam poder, mas os movimentos que assinalei têm mostrado força na diminuição da desigualdade social e na ampliação do acesso a direitos sociais.

Os partidos políticos ainda conseguem articular certa força, mas eles não representam mais o único canal de intervenção política, há uma volta para o individualismo e muito para a auto-ajuda. Com a ideologia neoliberal há um reforço da auto-ajuda, inclusive em algumas religiões, por exemplo, a do bispo Macedo, que diz: "Se você não é próspero, o problema é do demônio que está em você". Assim, vende-se a idéia de que a prosperidade depende da expulsão do mal dentro do indivíduo, implicando o auto-ajudar-se.

A competitividade individual se acentua, na nossa época, na disputa pelo emprego, pela forma física, pela aparência, pela performance. Nesse contexto de guerra interindividual, o fortalecimento do sujeito na prática profissional significa a intervenção na capitalização do sujeito, enquanto enriquecimento da vida individual/coletivamente para que se possa enfrentar essa condição de perda do poder, de perda de "capitais", de patrimônios afetivos, familiares, culturais, econômicos, para enfrentar as mudanças de relações/trajetórias da vida (*life course*), no tempo histórico e social desta sociedade determinada. As questões sociais se colocam no dia-a-dia das lutas dos oprimidos, já que somente de forma abstrata e genérica é que se pode falar em questão social.

É bom relembrar que a expressão "questão social" precisa ser rigorosamente definida em diferentes contextos históricos, conforme o fazemos no capítulo seguinte, distinguindo-se a visão progressista da visão conservadora do problema. É preciso, ainda, articular a discussão da "questão social" ao objeto da profissão de forma precisa, pois não se pode demandar a profissionais que superem, com seus instrumentos de ação, a relação de exploração entre capital e trabalho ou a abolição da propriedade privada.

A construção do objeto profissional não pode, assim, ser referida a conceito extremamente genérico sem levar em conta a história, as discussões, os debates dos projetos de sociedade e de intervenção profissional nas diferentes conjunturas. É preciso considerar, ainda, nas relações de poder e saber particulares, o processo de construção de estratégias de ação, as situações sociais complexas na relação de diferentes atores sociais envolvidos numa questão. Abre-se, assim, a possibilidade de o Serviço Social trabalhar ao mesmo tempo em redes de relações particulares e gerais para fortalecer a relação de força dos oprimidos nessa rede. Isto coloca a questão do objeto, ao mesmo tempo, nas relações estruturais e processuais, sem congelá-lo ou dogmatizá-lo e sem pulverizá-lo em milhões de "pequenos casos" fragmentados, aparentemente desconectados do contexto e da história.

É na relação de redes que se colocam as questões enfrentadas pelos próprios sujeitos na sua perda de poder para articulá-las em estruturas e movimentos de fortalecimento da cidadania, da identidade, da autonomia. Mesmo os que se dedicam a administrar dossiês *podem* se situar numa perspectiva de articulação de poderes, nos limites dos que não podem, para mudar as relações dos sujeitos do trabalho social com as redes primárias, a família, as redes secundárias das organizações sociais e, ainda, articulando outras redes para fortalecer os sujeitos em rede. Sabe-se já, por demasiado, que indivíduos sozinhos não têm condições de se fortalecer. A construção das redes é processual e dinâmica, envolvendo tanto a família como os amigos, os vizinhos, os companheiros de trabalho, partido, sindicato, como redes formais das organizações de saúde, de assistência, educação ou outras, a partir dos sujeitos implicados. Uma das recentes notícias de televisão mostrava uma psicóloga trabalhando com a organização de mães de meninos de rua, formando, assim, uma rede de mães, porque aí elas se fortalecem, fortalecem também a relação com seus filhos numa articulação de redes multipolares, superando a visão dicotômica das lutas entre "bem e mal", entre portadores da transformação e portadores da exploração.

A rede é uma articulação de atores em torno, vamos nos expressar assim, de uma questão disputada, de uma questão ao mesmo tempo política, social, profundamente complexa e processualmente dialética. Trabalhar em rede é muito mais difícil do que empreender a mudança de comportamento, bastando para isto um bom marketing, ou realizar a intervenção no meio, ou estimular o eu, e mesmo reivindicar serviços. É a superação do voluntarismo e do determinismo, da impotência diante da estrutura e da onipotência da crença de tudo poder mudar. Na intervenção de redes, o profissional não se vê nem impotente nem onipotente, mas como um sujeito inserido nas relações sociais para fortalecer, a partir das questões históricas do sujeito e das suas relações particulares, as relações destes mesmos sujeitos para ampliação de seu poder, saber, e de seus capitais. Trata-se de uma teoria relacional do poder, de uma teoria relacional de construção da trajetória.

O pressuposto teórico em que me baseio para trabalhar a questão do objeto do Serviço Social é esta teoria de que tanto a sociedade como a profissão são construídas na dinâmica das relações sociais, implicando lutas de poder, saber.

Apenas para ilustrar estas reflexões, gostaria de me referir a uma situação do Instituto de Saúde Mental de Brasília, do Riacho Fundo. Trata-se de um hospital-dia que conta com uma equipe de assistentes sociais que trabalham com os usuários considerados doentes mentais. Ao se entrar no Instituto vê-se que todos estão vestidos iguais, não se sabendo quem é louco ou não. Ao trabalhar o fortalecimento de um dos usuários na rede de relações, a equipe de Serviço Social, articuladora do grupo de cidadania, discute a questão dos direitos sociais. Um dos usuários tinha o dinheiro de sua conta bancária retirado pela mulher. Ao perceber que ele tinha direito a seu dinheiro, mudou sua senha. Ao perceber que não *podia* (mudando-se a relação de força) retirar o dinheiro, a mulher ficou furiosa e internou o marido num outro hospital. A equipe buscou saber onde estava o usuário, e ao falar com o médico este afirmou: "Bom, esse cara aqui tá é louco, ele chegou aqui só falando que tem direito". Ao se trabalhar a rede familiar e secundária o usuário foi retirado do hospital, mudando de trajetória, inclusive com a separação conjugal e novo casamento.

É a mudança de relação particular no contexto da história social da família e da sociedade, na articulação da rede de relações que se vai construindo o objeto da intervenção. O sujeito não é visto através da doença, do problema, mas como um sujeito em relação, em processo. A mudança de paradigma teórico implica nova articulação de instrumental prático. Em vez de indicadores estáticos, temos que construir indicadores de processo, indicadores de rede, mapas de relações. É preciso rever todo nosso instrumental técnico, nossos prontuários. Estes necessitam estar também em rede. A mudança da prática profissional implica desconstruir o próprio contexto neoliberal em que nos situamos para construir o objeto de intervenção nessas condições técnicas, culturais e políticas que estamos vivendo, analisando-se contraditoriamente o capital da informática, da democracia, dos direitos da cidadania no processo da acumulação financeira, da produtividade, da privatização e do desemprego.

Capítulo 2

Acerca do objeto do Serviço Social: uma proposta de construção

Este capítulo, dando continuidade à reflexão anterior, tem por objetivo recolocar a questão do objeto do Serviço Social no momento em que se procede a uma nova reforma curricular, iniciada em 1993, após quatorze anos de experiência com o currículo implantado em 1982. Nesses quatorze anos, a sociedade brasileira vem experimentando grandes mudanças decorrentes tanto do processo de consolidação democrática, que tem como marco a Constituição de 1988, como do processo de globalização econômica e de redução do Estado, desencadeado no governo Sarney, acelerado no governo Collor e continuado no governo Cardoso. A formação em Serviço Social, da qual se preocupou o CBCISS em vários momentos, vem sendo também questionada, com novas propostas.

Não pretendemos oferecer uma revisão completa da literatura, nem o aprofundamento que a questão implica, mas definir o debate atual com referências históricas necessárias, apresentando nossa contribuição.

A construção do objeto

O livro de Josefa Batista Lopes, *Objeto e especificidade do Serviço Social — pensamento latino-americano* (1979), traz uma reflexão importante sobre o problema, analisando o pensamento de vários autores e tendo como pressuposto teórico que "a diversidade de objetos e especificidades se apresenta como uma possibilidade teórico-prática para o Serviço Social" (p. 28). A diversidade, no entanto, não provém só dos enfrentamentos no campo teórico e do conhecimento, mas das lutas pelo poder, pelos micropoderes, dos enfrentamentos institucionais e interdisciplinares.

Lopes destaca duas grandes possibilidades de construção do objeto, dicotomizando-as em perspectiva da integração social e perspectiva da libertação social, assumindo uma forma de ver que caracterizou o próprio movimento de Reconceituação do Serviço Social: a oposição entre a visão funcionalista e a dialética que refletia a preocupação de se implantar um "Serviço Social socialista" (Corrigan) em oposição ao "Serviço Social burguês", dominante, integrador, adaptativo. A perspectiva era a construção de um Serviço Social revolucionário a partir do conceito de classe, das contradições do sistema capitalista, de denúncia da ideologia dominante, como o Projeto da Escola de Serviço Social da Universidade Católica de Valparaíso, criticando-se não só a visão liberal-individualista, mas também o desenvolvimentismo (ver Faleiros, 1981). Silva (1995) acata a denominação ruptura[1] para caracterizar este movimento "pelo deslocamento da base positivista-funcionalista e pela aproximação com a tradição marxista; pela desmistificação da pretensa neutralidade da ação profissional, com clarificação da possibilidade do estabelecimento de vínculo orgânico dos profissionais com os interesses e necessidades das classes populares, enquanto setores majoritários dos usuários dos serviços prestados pelos assistentes sociais; e pela perspectiva de orientar-se por um projeto político, tendo como horizonte a transformação social" (p. 14).

---

1. A própria autora faz a ressalva quanto ao uso do termo ruptura, mas o utiliza tendo em vista a intencionalidade desse projeto.

O pensamento da luta de classes serviu de pano de fundo para uma identificação da profissão com o ideal de uma ou outra classe, podendo ser, conforme Marilda Iamamoto (1982), instrumento de uma ou outra classe. Na ótica conservadora cumpre, segundo a autora, as funções de controle e legitimação do poder dominante. Sendo constituído como instrumento do capital, pode tornar-se "instrumento a serviço dos trabalhadores" (p. 86). Mota (1991) também se coloca na mesma perspectiva, defendendo a tese de que "o serviço social pode servir ora ao capital ora ao trabalhador, dependendo das condições objetivas e das opções políticas de seus agentes" (p. 18).

Netto (1992) também defende a tese de que o Serviço Social, como profissão, é funcional à lógica do capital monopolista e dinamizado pelas forças conservadoras, situando-se, no âmbito das ciências sociais, como um "sistema de saber de segundo grau" (p. 144), acumulando o saber produzido alhures, além de sincréticos e ecléticos. Mesmo liberado de sua vinculação conservadora, do pensamento positivista, e nutrindo-se do pensamento revolucionário, "ao serviço social está sempre interditada, *a limine*, uma construção teórica específica (e, por via de conseqüência, a construção de uma metodologia particular)". Ao Serviço Social cabe apenas, segundo Netto, responder a demandas sociais prático-empíricas. Ou seja: em qualquer hipótese, o Serviço Social não se instaurará como núcleo produtor teórico específico, permanecerá *profissão*, e seu *objeto será um complexo heteróclito de situações que demandam intervenções sobre variáveis empíricas* (p. 147; grifos meus). Esta reflexão coloca ênfase no tipo de prática dominante, sem destacar, contudo, o próprio processo de elaboração teórica por que passa o Serviço Social, aliás, sempre questionando-se a si mesmo.

Ao mesmo tempo em que Netto destaca o caráter profissional do objeto da intervenção, nega-lhe qualquer possibilidade de um estatuto teórico e metodológico, reduzindo, a meu ver, a profissão a apenas uma execução, dividindo, assim me parece, o campo científico entre as ciências e suas aplicações. A discussão da vinculação entre o "método científico" e o "método profissional" foi uma das preocupações da profissão, inclusive do Seminário de Teresópolis (Porzecanski, 1979), sendo resolvida seja através do cientificismo, seja através da vinculação à práxis social, em que reflexão e ação se articulam.

A consideração do Serviço Social como uma práxis social, na relação sujeito/objeto, está presente em Faleiros (1981) e é retomada por Myrian Veras Baptista (1995) à luz do texto de Vásquez, *Filosofia da práxis*, distinguindo a práxis reiterativa da práxis criadora, em que o processo singular é pensado na sua generalidade. Nesta perspectiva, Baptista considera que "o objeto da intervenção profissional do assistente social é o segmento da realidade que lhe é posto como desafio, aspecto determinado de uma realidade total sobre o qual irá formular um conjunto de reflexão e de proposições para intervenção. Os limites que configuram esse objeto são considerados uma abstração, uma vez que na realidade social o aspecto delimitado continua mantendo suas inter-relações com o universo mais amplo. Baptista continua: "embora uma abstração, esse objeto não é produto ideal do pensamento: *ele se constrói historicamente no real,* na tensão permanente que existe entre o sujeito da ação que transforma (e, ao mesmo tempo se transforma) e o segmento da realidade a ser transformado" (p. 52). Maciel e Cardoso (1989) também partem do conceito de práxis, vendo o Serviço Social como uma prática política "na perspectiva de instrumentar a classe subalterna em seu processo de constituição como classe hegemônica" (p. 164), destacando-se o trabalho pedagógico do assistente social e como intelectual orgânico. Esta é a tese de Dias (1982), que vê no assistente social o intelectual orgânico formulado pela teoria gramsciana.

Conforme destacamos no capítulo 6, escrito em 1989, a definição da especificidade da profissão, sua particularidade, mais propriamente falando, só se define no contexto mais geral de uma totalidade que precisa, por sua vez, ser desconstruída, analisada em suas partes e, principalmente, em sua dinâmica, nas relações de forças em presença, no confronto de projetos e organizações para manter a ordem, transformá-la, reconstruí-la, na articulação de alianças e blocos históricos em que se definem as estratégias. As estratégias são sempre relacionais e situacionais, oriundas do confronto aberto ou fechado de forças, dos recursos disponíveis, da organização, do *timing* de enfrentamentos. Não se pode separar a visão estrutural da conjuntural, a dinâmica das relações das próprias condições em que ela se produz como se fossem dois mundos à parte. A reprodução das condições está posta para as classes dominantes que dela usufruem, mas não sem resistência mais ou menos forte dos subalternos, que na própria resistência vão construindo sua re-presentação, sua identidade, sua força, seu capital, sua trajetória, podendo, é claro, de acordo com as forças do bloco dominante e sua divisão, alcançar vitórias, avanços ou sofrer reveses e recuos.

A articulação das mediações particulares, individuais ou coletivas, exigidas pelo trabalho cotidiano, com as exigências do contexto econômico, político, imaginário, ideológico é que vai permitir a construção de estratégias no tempo social, familiar e específico colocado pelos usuários na relação com a intervenção profissional/institucional. Esta perspectiva, que esteve sempre implícita em nossos trabalhos, não descarta o papel ativo dos atores sociais nem as condições em que atuam. Essa imbricação entre sujeito e estrutura considera que a estrutura é uma relação social. Nessa relação estrutural/conjuntural/situacional é que se define o objeto da intervenção.

A construção do objeto, no entanto, não se faz, hoje, fora do contexto institucional, em que se exerce o poder profissional, se enfrentam as estratégias de sobrevivência/vivência com as exigências da reprodução e as formas de percepção, representação, e manifestação de interesses, identidades, organizações. É o processo de correlação de forças que será lembrado no final deste texto, mas trabalhado em outros trabalhos do autor.

Instituições e poder

As reflexões sobre poder institucional e o saber profissional (ver Faleiros, 1979) vão recolocar a questão do objeto profissional numa outra ótica que aquela exclusiva de classe contra classe, mas articulada a ela na análise das relações de poder, hegemonia e contra-hegemonia. As instituições passaram a ser vistas como local de lutas de poderes, e o objeto da intervenção deve responder a um processo complexo de relações sociais em que se entrecruzam demandas políticas, uma lógica de campo específico da atuação da área da assistência social, o jogo do poder burocrático e tecnocrático e pressões/submissões dos usuários.

A discussão sobre as instituições foi arejada pelo pensamento de Gramsci sobre a questão do Estado ampliado como condensação de forças, expressão, no entanto, cunhada por Poulantzas, pelo pensamento de Foucault e de analistas institucionais. A visão organizacional funcionalista foi questionada como sistema de normas e de procedimentos ou protocolos. Não é este o lugar para retomarmos toda esta discussão. Ao mesmo tempo, a contribuição de Bourdieu (ver, entre outros, o texto de 1992) trouxe a visão da constituição de campos específicos como lugares de lutas e enfrentamentos específicos, e o poder dos burocratas e tecnocratas foi evidenciado na análise dos atores institucionais e do Serviço Social nesse contexto.

A pesquisa sobre instituições e o Serviço Social, realizada no Nordeste sob a coordenação de Jean Robert Weisshaupt, trouxe à luz a discussão sobre esse objeto construído institucionalmente na dinâmica das forças e interesses dos atores institucionais. Nessa ótica, os objetivos e o objeto do Serviço Social são definidos pela instituição.[2] No bojo da mesma pesquisa, a equipe do Rio Grande do Norte (Silva, 1995) destaca que os objetivos profissionais se definem conforme as diferentes instituições sejam públicas (assistência, bem-estar, promoção), privadas (melhora do relacionamento), do terceiro setor, como a Igreja (promoção do homem). As demandas da população vão definindo também esta prática profissional como pedidos de recursos, capacitação, encaminhamentos, informações, orientação, organização. O grupo deseja mostrar a atuação profissional como intelectual orgânico da superestrutura através da análise de suas representações da prática.

---

2. Instituição é, muitas vezes, entendida como agência de prestação de serviços. Do ponto de vista sociológico mais amplo, as instituições são relações estruturantes do modo de ser de uma sociedade, como a família, a religião, a educação, o exército.

A questão do objeto passa a ser vista na ótica dos atores que o enfrentam, diferentemente da preocupação mais geral de seu "significado estrutural".

A construção do objeto implica, assim, tanto a análise das questões mais gerais (economia, instituições, políticas) como dos micropoderes (lógicas dos atores sociais) (Martin e Royer, 1987). É na dinâmica institucional que se estabelecem as categorias de classificação dos usuários e principalmente dos pobres, conforme analisamos no capítulo 11, construindo-se os estigmas, as rejeições, as exclusões/inclusões, as formas de se pensar a adaptação e a desadaptação. Os objetos de intervenção, como propomos, se definem nestas relações de forças.

As relações institucionais podem ser vistas sob diferentes ângulos, ora valorizando-se o conflito entre os diferentes atores institucionais, ora tomando-se o projeto profissional como uma mediação integradora e harmonizadora de conflitos. Sob o primeiro prisma pode-se salientar com Martin e Royer (1987, p. 110) os conflitos entre auxiliares e profissionais, entre os próprios profissionais, entre as políticas sociais e o projeto institucional, entre a instituição/profissionais e usuários, num processo contraditório de interesses e projetos concretos. Não basta uma definição abstrata do objeto de ação profissional para que este seja assumido e transformado em prática. Martin e Royer assinalam que "o momento da particularidade expressa a negação de um momento precedente, encarnando-se os projetos de forma particular na vida das pessoas". Há uma relação dinâmica de forças, interesses projetos na dialética universal/particular/singular na ação profissional que constituem situações de intervenção nos espaços institucionais e profissionais (Faleiros, 1979).

Esta perspectiva tem a vantagem de erradicar da análise do objeto do Serviço Social a perspectiva da patologia social, do desvio, da doença, da anormalidade, da culpabilização da vítima, pois a situa num processo ao mesmo tempo histórico e teórico.

Há também os que consideram o Serviço Social no papel de mediador de conflitos, cabendo-lhe intervir sobre as tensões, os conflitos, a violência, entre os grupos excluídos, a sociabilidade local e a sociedade instituída (Freynet, 1995), sem, contudo, tomar posição por nenhum dos pólos do conflito que fazem esforços, cada um, para trazer o Serviço Social para seu lado. O Serviço Social faz, nesse sentido, a interligação entre os sistemas-recursos e de poder com os sistemas-utilização, tendo como objetivo a inclusão social dos excluídos pela sociedade desigual, facilitando[3] a comunicação entre sistemas, principalmente em caso de dificuldade e de ausência de relações entre os dois sistemas.

A teoria dos "dois sistemas" tem o pressuposto que os marginalizados e os dominantes não fazem parte de uma mesma relação social de exploração e dominação que os constitui a ambos. Em conseqüência, a não-inclusão estaria em dificuldades ou ausência de interação entre os "dois sistemas", inclusive, muitas vezes, atribuindo-se aos próprios excluídos estas dificuldades. A perspectiva funcionalista adaptativa usou e abusou dessa visão para desenvolver a estratégia do esforço pessoal como objetivo do Serviço Social.[4]

Ainda na perspectiva funcionalista, sob o ângulo institucional, o Serviço Social é uma "instituição que serve a outras instituições", no dizer de Alfred Kahn (1972, p. 15), que, por sua vez, acata a definição de Kermit T. Wilse, segundo a qual "trata-se de um método de ajudar as pessoas a resolver seus problemas através da solução de suas necessidades por instituições sociais típicas",[5] ou seja, refere-se ao processo de ajustamento das necessidades e problemas de indivíduos e grupos aos recursos (públicos ou privados) viabilizados pelas instituições sociais, destacando-se, com ênfase, a função de facilitação do uso de recursos e acesso a determinados direitos institucionalizados, realizados através de serviços. Kahn dá conta da implementação das políticas sociais através da intervenção do Estado e da garantia de direitos por intermédio de serviços e recursos prestados profissionalmente na solução dos problemas de acesso a eles. São as questões individuais

---

3. Destaca-se, assim, o papel de *facilitador*.

4. Para uma crítica dessa posição ver Faleiros (1981), principalmente o último capítulo.

5. Wiltse, K. Social Case Work and public assistance in *Social Service Review*, XXII (1958, pp. 41-50, apud Kahn, op. cit.).

ou grupais, as dificuldades nesse "entrosamento" entre recursos e problemas, conforme a expressão de Kahn, que constituem o objeto do Serviço Social.[6]

A relação dos usuários com as instituições são relações complexas, inseridas em relações de forças e que, por sua vez, podem se estruturar em relações de força em que o assistente social pode exercer vários papéis, inclusive o de aliado dos dominados, contribuindo para reduzir a desigualdade pressuposta nas próprias relações institucionais.[7] É numa complexa rede de dominação/resistência que se condicionam e constroem as estratégias de ação profissional, considerando-se, ao mesmo tempo, as condições objetivas e os recursos e dispositivos de ação dos atores em presença.

A proteção social

É como campo teórico de interesse da profissão que Suely Gomes Costa (1995) coloca a idéia da proteção social[8] para demarcar uma matéria teórica substantiva, segundo sua expressão, com a qual se construiu a profissão de assistente social. Costa define proteção social como "um conjunto de acontecimentos datados e localizados, identificados em suas particularidades, sempre circunscrito às regularidades voltadas para a defesa de grupos e indivíduos em situação de não-autonomia quanto a sua sobrevivência" (p. 63). Costa acredita que esta idéia pode, inclusive, contribuir para se rever a idéia de reprodução veiculada pela corrente marxista.

---

6. Para uma crítica mais aprofundada da relação recurso/problema, ver Faleiros, *Saber profissional e poder institucional*, São Paulo, Cortez, 1985, capítulo 8.

7. Para uma análise da estratégia de aliança entre usuário e assistente social, ver Faleiros, 1985.

8. O conceito de proteção social é muito preciso na tradição francesa, significando a intervenção do Estado para a prestação de benefícios e serviços a categorias ou à massa da população como garantias de direitos, embora os sistemas de ajuda mútua tenham precedido esta forma. Ver, por exemplo, D'Intignano (1993).

A questão colocada tem a vantagem de definir um campo teórico de interesse a partir, também, de uma perspectiva histórica traduzida pelas formas de ajuda social, mas deixa de contemplar a complexidade das relações de poder, organização, "re-presentar-se", em cujo bojo se produzem os serviços sociais. Os serviços profissionais podem ser vistos na ótica de continuidades históricas, mas também se desenvolvem em processos de rupturas, de construção e desconstrução de legitimações segundo o contexto e as relações sociais e o campo de forças em que se coloca.

Sem querer enquadrar a proposta de Costa numa visão evolucionista, seu entendimento pode dar a entender que aceita o pressuposto de que há passagens da caridade para a assistência, da assistência para o Serviço Social, como algumas "histórias do Serviço Social" têm veiculado (ver, por exemplo, Barreix e Ander-Egg). A construção do objeto profissional não se coloca de maneira arbitrária como uma heterogeneidade de situações esparsas, nem como uma função da estrutura e nem como uma escolha teórica, ou uma representação profissional, mas se constrói, ao mesmo tempo, nas relações sociais, independentes dos atores e na visão e articulação desses atores em diferentes conjunturas e campos de intervenção. Costa, aliás, chama a atenção para a diversidade de campos em que se constrói a profissão, afirmando que "cada campo de atividade profissional tem sua especificidade histórica".

Do ponto de vista da atuação profissional interventiva, o foco do trabalho não é apenas descobrir regularidades e padrões (como propõe Costa), mas trabalhar estratégias de intervenção nas diferentes trajetórias individuais e coletivas que se produzem nas relações sociais.

A questão social

A proposta de reforma curricular da ABESS/CEDEPSS[9] (1996) assume explicitamente que "a particularidade do Serviço

---

9. Associação Brasileira de Ensino de Serviço Social e Centro de Documentação e Pesquisa em Política Social e Serviço Social.

Social, como especialização do trabalho coletivo, inscrito na divisão social e técnica do trabalho, está organicamente vinculada às configurações estruturais e conjunturais da 'questão social' e às formas históricas de seu enfrentamento — que são permeadas pela ação dos trabalhadores, do capital e do Estado" (p. 154). Continua: "a formação profissional tem na questão social sua base de fundação sócio-histórica, o que lhe confere um estatuto de elemento central e constitutivo da relação entre profissão e realidade social. O assistente social convive cotidianamente com as mais amplas expressões da questão social, matéria-prima de seu trabalho. Confronta-se com as manifestações mais dramáticas dos processos da questão social no nível dos indivíduos sociais, seja em sua vida individual ou coletiva" (pp. 154-5).

No contexto brasileiro, segundo o referido documento, a questão social se traduz hoje pela "conservação, reatualização e aprofundamento da desigualdade" (p. 155), dentro dos padrões de acumulação capitalista. Ainda segundo o documento citado, o governo mascara o enfrentamento da questão social sob o discurso legitimador da "solidariedade social" (p. 158).

Como se pode observar, a expressão "questão social" é tomada de forma muito genérica, embora seja usada para definir uma particularidade profissional. Se for entendida como sendo as contradições do processo de acumulação capitalista, seria, por sua vez, contraditório colocá-la como objeto particular de *uma* profissão determinada, já que se refere a relações impossíveis de serem tratadas profissionalmente, através de estratégias institucionais/relacionais próprias do próprio desenvolvimento das práticas do Serviço Social. Se forem as manifestações dessas contradições o objeto profissional, é preciso também qualificá-las para não colocar em pauta toda a heterogeneidade de situações, que, segundo Netto, caracteriza, justamente, o Serviço Social.

Não pretendemos, neste artigo, desenvolver uma análise de toda a complexidade da expressão "questão social", de como foi construída, e nem qual sua vinculação mais profunda com o Serviço Social. Destacamos, no entanto, para efeitos de discussão, suas dimensões históricas, epistemológicas e conjunturais.

A questão social, ao menos na França, segundo Donzelot (1987), emerge nos meados do século XIX, mais precisamente em 1848, diante das lutas operárias e da repressão sangrenta que se seguiu. Para Donzelot, a agudização da questão surgiu no antagonismo radical entre o direito à propriedade e o direito ao trabalho (p. 40), visto que as lutas sociais levaram a República a implantar, em fevereiro, os *Ateliers Nationaux*,[10] tendo-os suprimido em junho, sob alegação de falta de verba e de sustentação do direito de propriedade, provocando as fortes revoltas operárias.[11] No *Manifesto comunista* de Marx e Engels de 1848 (1973, p. 69), "em todos os movimentos (revolucionários) é colocada à frente a questão da propriedade, seja qual for o grau de evolução a que tenha chegado, como a questão fundamental do movimento". Para os comunistas tratava-se da supressão da propriedade privada como entrave às mudanças das relações de produção no sentido de tornar dominante a classe operária. Para Marx e Engels, o pauperismo seria o caldo de cultura da revolução, tornando-se o operário cada vez mais pobre, já que a burguesia "não pode mais reinar porque incapaz de assegurar a existência de seu escravo no quadro de sua escravidão, porque ela é obrigada a deixá-lo destituir-se a ponto de dever alimentá-lo ao invés de se fazer alimentar por ele. A sociedade não pode mais viver sob sua dominação, o que quer dizer que a existência da burguesia não é mais compatível com a da sociedade" (1973, p. 45).

No quadro do liberalismo e da repressão reinantes, a burguesia, ao rejeitar o direito ao trabalho, reacende a questão do dever moral da assistência aos pobres. Na Inglaterra, a assistência aos incapazes de trabalhar já vinha desde o século XVII, e na França as municipalidades, junto com a Igreja, também se ocupavam deles, classificando-os em válidos e inválidos (Faleiros, Vicente da Paula. A questão da assistência social. In *Serviço Social & Sociedade* X (30):109-126, São Paulo, Cortez, 1989).

---

10. Frentes de Trabalho, financiadas pelo Estado.

11. O Comitê de Mendicância, implantado no bojo da Revolução de 1789, enfatizava a obrigação ao trabalho e o direito à subsistência de acordo com a fórmula: "Celui qui existe a le droit de dire à la societé: *Faites-moi vivre*, la societé a également le droit à lui répondre: *Donne moi ton travail*".

Ao final do século, em 1891, o papa Leão XIII coloca na agenda universal da Igreja a questão social através da encíclica *Rerum Novarum*. Na perspectiva papal, a questão social também passa pela questão da propriedade ou, mais explicitamente, pela defesa da propriedade privada. Ela é, segundo o pontífice, um direito natural, a garantia da liberdade e da dignidade. Uma vez mantida a propriedade dos meios de produção, cabe ao patrão pagar o salário justo (mínimo), e ao operário cumprir suas tarefas, "aceitando com paciência sua condição" (§ 26), para harmonizar o conflito entre patrões e operários. A assistência, por sua vez, está subordinada ao não-prejuízo da propriedade, já que "ninguém certamente é obrigado a aliviar o próximo privando-se do seu necessário ou do de sua família" (§ 36).

Diante das desigualdades de condições "sem as quais uma sociedade não pode existir ou conceber-se" (§ 50), cabe ao Estado, segundo o papa Leão XIII, garantir a propriedade, a paz (inclusive "reprimindo os agitadores"), impor o repouso semanal, adequar o trabalho à idade e ao sexo, cabendo-lhe ainda ter um papel subsidiário na definição das horas de trabalho e do salário, o que deve estar confiado à negociação entre patrões e operários.

É sob esta ótica da harmonia social e da doutrina social da Igreja que a questão social foi incorporada pelo Serviço Social nos primórdios de sua implantação profissional na Europa e na América Latina. A questão da moral das famílias, da sua adequação à ordem vigente, da higiene, o trabalho como condição e processo educativo, o privilegiamento da honradez, da poupança, a valorização do papel reprodutivo e maternal da mulher (ver Backx, 1994) informam e condicionam a teoria e a prática do Serviço Social nesse momento. Antes mesmo do movimento de reconceituação, na perspectiva modernizadora, como vimos com Alfred Kahn, a questão dos direitos sociais se torna emergente na profissão, inclusive na sua dinâmica institucional. No movimento de reconceituação recoloca-se a questão da luta de classes e o Serviço Social também se recolocando a questão social, mas não como abolição da propriedade privada, e sim como processo de luta, de movimento social, enfatizando-se mais a organização, a mobilização, a participação, a conscientização que o fim do capitalismo. O processo parece contar mais que o resultado, ao menos de forma explícita nos projetos profissionais.[12]

Como vimos, a questão social tem vários significados, e não pode ser tomada, sem uma definição rigorosa, como objeto profissional, principalmente pelo Serviço Social brasileiro e latino-americano. Do ponto de vista epistemológico, a questão social precisa ser vista à luz de diferentes paradigmas, na discussão de seus dimensionamentos que entendemos estar vinculados às relações sociais.

Na atual conjuntura, os enfrentamentos de interesses, grupos, projetos, estão sendo vistos num processo complexo de relações de classe, gênero, geração, raça, etnia, culturas, regiões, parentescos, trazendo à discussão as mediações da subjetividade e que não se resumem *tout court* na noção de questão social.

Forças e mediações

Seria muito simples concluir este capítulo com uma definição de objeto do Serviço Social, seja tirada dos textos acima, seja elaborada *ad hoc*. Não é este o nosso propósito. No capítulo seguinte aprofundamos a discussão do "paradigma da correlação de forças", sem contudo reafirmar alguns pressupostos básicos em que nos baseamos para colocar a questão do objeto profissional.

A construção do objeto profissional é um processo teórico, histórico, mas também político, ou seja, imbricado e implicado tanto nas relações sociais mais gerais como nas relações particulares e específicas do campo das políticas e serviços sociais e das relações interprofissionais. Hoje o campo da intervenção social está permeado por diferentes atores, entre os quais educadores sociais, promotores sociais, agentes comunitários, psicólogos comunitários, psicossociológos, terapeutas, criminólogos, disputando o espaço profissional e o espaço institucional.

---

12. Ver, por exemplo, o projeto curricular da Escuela de Trabajo Social da Universidade Católica de Valparaíso.

É na perspectiva relacional que vamos visualizar a questão do objeto profissional, sem perder, portanto, a referência às relações estruturais superestruturais do poder e às suas manifestações concretas nas relações do dia-a-dia. É com referência às relações de poder que vimos considerando a teoria e a prática do Serviço Social. O poder, em si, é uma relação. Uma relação complexa, é evidente, que passa pelos processos de hegemonia e contra-hegemonia, de dominação de raça, etnia, gênero, culturas, regiões que constituem patrimônios ou, na expressão de Bourdieu, capitais. Nas trajetórias individuais e coletivas há um processo contraditório de fragilização na perda desses patrimônios ou capitais ou de capitalização e *empowerment*, conceito também aprofundado no próximo capítulo. Seja no âmbito institucional ou não, as relações de poder perpassam o cotidiano dos indivíduos e coletivos na particularidade do processo de fragilização de uma mediação das relações complexas que envolvem tanto a identificação social e cultural como a autonomia, a cidadania, a organização, a participação social. O foco da intervenção social se constrói nesse processo de articulação do poder dos usuários e sujeitos da ação profissional no enfrentamento das questões *relacionais complexas* do dia, pois envolvem a construção de estratégias para dispor de recursos, poder, agilidade, acesso, organização, informação, comunicação. É nessas contradições que se vai desconstruir e construir sua identidade profissional e o objeto de sua intervenção profissional, nas condições históricas dadas, com os sujeitos da ação profissional.

É aí que se dá o trabalho sobre as mediações complexas na dinâmica das relações particulares e gerais dos processos de fragilização social, para intervir nas relações de força, nos recursos e nos poderes institucionais, visando fortalecer o poder dos mais frágeis, oprimidos, explorados, pelo resgate da sua cidadania, da sua autonomia, da sua auto-estima, das condições singulares da sobrevivência individual e coletiva, de sua participação e organização.

A construção e desconstrução de mediações no processo de fragilização e fortalecimento do poder implica um instrumental operativo para captar as relações e elaborar estratégias que constituem o campo de uma profissão de intervenção social na constante relação teoria/prática.

Capítulo 3

O paradigma da correlação de forças: uma proposta de formulação teórico-prática*

Neste capítulo efetuamos o aprofundamento das questões anteriormente colocadas relativas ao fortalecimento (*empowerment*) dos sujeitos da intervenção profissional num *processo* de articulação de recursos, imaginário, redes que são capitais ou patrimônios disponíveis nas relações sociais de classe, gênero, raça, cultura, envolvidas em todo trabalho social.

Mais especificamente, visamos propiciar uma reflexão, voltada para a ação, para colocar em pauta de discussão alguns dispositivos[1] de intervenção profissional no processo prático-operativo próprio do Serviço Social. Estes dispositivos, no entanto, têm seus pressupostos e supostos em determinados paradigmas ou concepções teórico-metodológicas, que não é possível desvelar no espaço aqui disponível, mas a que não poderíamos deixar de fazer referência.

---

* Texto publicado nos *Cadernos Técnicos* n° 23, Brasília, SESI, 1996.

1. Enquanto regulação, mecanismos, conjunto articulado de meios.

O paradigma da correlação de forças

Definimos como *paradigma da correlação de forças*[2] a concepção da intervenção profissional como confrontação de interesses, recursos, energias, conhecimentos, inscrita no processo de hegemonia[3]/contra-hegemonia, de dominação/resistência e conflito/consenso que os grupos sociais desenvolvem a partir de seus projetos societários básicos, fundados nas relações de exploração e de poder. Nesse sentido, os efeitos da prática profissional enquanto "suprir carências", "controlar perturbações" ou "legitimar o poder" implicam correlações de forças (mediações econômicas, políticas e ideológicas) que se articulam com outros efeitos como pressionar o poder, ter o direito à sobrevivência ou questionar a instituição. Foi o que, posteriormente,[4] consideramos como "Metodologia da Articulação". O processo de intervenção é visto, aí, para além do relacionamento e da solução imediata de problemas através de recursos, no contexto das relações sociais. Na particularidade do Serviço Social, é fundamental destacar a intervenção nas condições de vida e de trabalho (re-produzir-se) articuladas à formação da identidade individual e coletiva (re-presentar-se) na vinculação sujeito/estrutura, conforme analisamos no capítulo 6. O objeto da intervenção do Serviço Social, como vimos, se constrói na relação sujeito/estrutura e na relação usuário/instituição, em que emerge o processo de fortalecimento do usuário diante da fragilização de seus vínculos, capitais ou patrimônios individuais e coletivos.

O paradigma da correlação de forças configura uma ruptura com as visões clínica e tecnocrática[5] da intervenção profissional. A primeira se inspira no modelo médico-biológico[6] expresso na

---

2. Faleiros, V. P. *Metodologia e ideologia do trabalho social.* São Paulo, Cortez, 1981, cap. 8.

3. Ver Carvalho (1984) e Simionatto (1995).

4. Ver Faleiros (1985).

5. Fundadas, em geral, na perspectiva funcionalista.

6. "O olhar médico não encontra o doente mas a sua doença, e em seu corpo não lê uma biografia, mas uma patologia na qual a subjetividade do paciente

dicotomia "diagnóstico-tratamento", como duas fases do processo interventivo centrado no problema/indivíduo/cura, e a segunda no modelo do planejamento normativo, que parte de um problema social e, em seguida, busca estabelecer objetivos e metas para enfrentá-lo, através de um projeto que passa a ser executado e avaliado a partir de seus resultados, comparando-se a situação problema e a situação final[7], seja em termos de eficácia (objetivos/meios), eficiência (custo/benefício), satisfação ou pertinência.

Este paradigma implica também uma ruptura com a visão mecanicista da sociedade que nega o papel do sujeito na transformação social, reduzindo as mudanças superestruturais a reflexos das condições materiais, colocando o Serviço Social na função de controle social para manter as condições de reprodução capitalista da sociedade. Não se resume o paradigma, também, a desvendar as causas estruturais dos problemas individuais ou os significados que o usuário dá para suas experiências individuais e sociais ao relacionar suas escolhas objetivamente vividas com suas idéias, sentimentos e comportamentos, como sugere o enfoque estrutural proposto por Maurice Moreau em 1987. Nossa análise considera as relações interpessoais implicadas nas relações sociais globais como um processo complexo de mediações sujeito/estrutura, numa visão relacional da estrutura da produção da sociedade e dos indivíduos.

Como assinala Bourdieu (1992, p. 72), "o modo de pensar relacional (em vez de 'estruturalista', mais estreitamente falando) é, como demonstrado por Cassirer em *Substância e função*, a marca distintiva da ciência moderna" ... Continua o autor dizendo que "*o real é relacional* (parafraseando Hegel): o que existe no mundo social são relações — não interações ou vínculos inter-

---

desaparece atrás da objetividade dos sinais sintomáticos que não remetem a um ambiente ou a um modo de viver ou uma série de hábitos adquiridos, mas remetem a um quadro clínico onde as diferenças individuais que afetam a evolução da doença desaparecem naquela gramática de sintomas, com a qual o médico classifica a entidade mórbida como o botânico classifica as plantas". Galiberti, *Il Corpo*, Milano, Feltrinelli, 1984, citado por Rotelli (1990, p. 92).

7. Ver Zuñiga (1992), que também coloca a necessidade de se considerar atores e sistemas.

subjetivos entre agentes, mas relações objetivas que existem independentemente das consciências e vontades individuais, como diria Marx".

A estrutura se constitui, pois, num processo de relações fundamentais que são os pressupostos básicos, as condições de possibilidade de uma formação social determinada, ou seja, seu modo de produção dos bens, da vida, dos homens, do imaginário social. Essas relações, apesar de *instituídas*, são conflituosas, pois implicam luta de interesses econômicos, poder, raça, etnias, gênero, disciplinas, ideologias e, por isso mesmo, sujeitas a contra-hegemonia, resistência, indisciplina, questionamento, abrindo espaço, assim, para a mudança em relações *instituintes* de um novo modo de produzir a vida, os bens e os seres humanos. Se o instituinte pode se transformar em instituído, pela regulação da relação de forças e da hegemonia,[8] também o instituído pode se transformar em instituinte, numa correlação de novos blocos históricos de poder, refletindo, na conjuntura, a dinâmica estrutural e recolocando as relações sujeito/estrutura.

São múltiplas as relações sociais que fazem com que o indivíduo exista socialmente, ele é um ser em relação: filho de, pai de, empregado de, patrão de, cidadão de, amigo de... A família existe enquanto relação, pois não é qualquer conjunto de homem/mulher/criança que constitui uma família. As relações de ensino/aprendizagem é que configuram uma escola, diferentemente de uma fábrica,[9] definida pelas relações de produção, de um parlamento, definido pelas relações de representatividade política. Um deputado só é deputado na relação com o eleitor. No modo capitalista de produção, a relação de trabalho/salário, estável ou precária, determina a sobrevivência de grande parte das pessoas.[10]

---

8. Numa dinâmica de equilíbrio instável de compromissos, como assinala Gramsci.

9. Embora suas construções até se pareçam.

10. Antunes (1995, p. 93) afirma que "as mudanças em curso no processo de trabalho, apesar de algumas alterações *epidérmicas*, não eliminaram os condicionantes básicos do fenômeno social do *estranhamento*, o que faz com que as ações desencadeadas no mundo do trabalho, contra diversas manifestações do *estranhamento*, tenham ainda enorme relevância no universo da socialidade contemporânea".

Outros vivendo como autônomos integram, no entanto, o mercado capitalista, com mais ou menos lucro, e outros sem condições de nele se inserir "positivamente", ao menos em parte, se vêem em *relações de exclusão*, ou seja, não têm como vender sua força de trabalho, são considerados "imprestáveis" e, assim, desvalorizados.

É nessas relações que passamos a existir e nas quais nos identificamos, elaboramos nossas representações. Olhando-as mais profunda e concretamente vemos que há uma trama,[11] uma rede de relações que se estruturam, perpassando umas as outras. As relações de dominação/submissão, por exemplo, podem perpassar as existentes entre pais/filhos, amigos, professor/aluno, patrão/operário, e de forma diversificada. Há, no entanto, algumas que são mais ou menos gerais e articuladoras de outras relações, condicionando os ciclos de vida dos indivíduos e suas trajetórias.

No capitalismo, as relações de trabalho/assalariamento condicionam, de forma mais ou menos determinante, a inserção dos sujeitos no processo de educação, nos serviços de saúde, nos tipos de habitação, de vestir, de alimentar e de ver o mundo, ou seja, com menores rendimentos menores são as chances de vida. Esses condicionamentos são permeados por lutas que fazem avançar ou recuar seus limites e possibilidades, na medida da correlação de forças em seu enfrentamento, com o conseqüente fortalecimento ou fragilização dos sujeitos em suas trajetórias, em diferentes dimensões. Um fortalecimento ideológico, por exemplo, pode não se acompanhar de ganhos econômicos ou políticos, implicando diferentes mediações, cujo conceito é necessário precisar.

O conceito de mediação implica, ao mesmo tempo, uma questão ontológica e uma questão epistemológica (Pontes, 1995), isto é, o pensamento só recupera a realidade à medida que traduzir o aprofundamento das múltiplas determinações contraditórias de um todo complexo e em constante tensão. As relações sociais são mediadas por determinações concretas e reais e que as

---

11. Voltaremos ao tema mais adiante, ao falar das redes em Serviço Social.

constituem, como a relação existente entre senhor/escravo, patrão/operário, pai/filho, profissional/usuário, e podem ser expressas pela escravidão, pela exploração, pelo domínio paterno, pela tutela.[12] É através do pensamento que vamos entender e aprofundar as relações de escravidão, de exploração, de domínio, de tutela num contexto determinado, entendendo o conteúdo particular e geral delas, suas determinações, suas tensões, seu movimento, ou seja, suas mediações. A relação pai/filho, por exemplo, pode estar determinada pelas mediações da rejeição, da superproteção, da ausência, sendo um desafio para o conhecimento descobri-las na sua particularidade e na sua generalidade, ao mesmo tempo que se implementam ações para transformá-las na correlação de forças em que se inscrevam.

Nos processos contraditórios de enfrentamentos e lutas, de diferentes ordens, as forças se constituem nas mediações de poder existente nas relações. Quanto mais capacidade (energia, recursos, conhecimento, técnicas, mídia) tem um ator ou um grupo para fazer valer seus interesses no confronto com outros atores e grupos, de mais força dispõe. A força se manifesta nesta correlação, que depende do peso econômico, do poder político, das capacidades afetivas, da capacidade cultural, ou seja, do que Bourdieu denomina "capitais"[13] e que chamamos de patrimônios (1994), que podem ser aumentados ou perdidos no contexto das relações mais gerais ou particulares. A força é eminentemente co-relacional, relativa a uma determinada conjuntura, a um momento, a um campo de limites e possibilidades, no movimento do geral/particular e do particular/geral (Sartre, 1979).

Nas sociedades capitalistas, os grandes proprietários dispõem de mais força econômica e política em função de seu patrimônio,

---

12. Pontes define mediações como "as expressões históricas das relações que o homem edificou com a natureza e conseqüentemente das relações sociais daí decorrentes, nas várias formações sócio-humanas que a história registrou" (p. 78). Esta definição enfatiza, como base, as relações homem/natureza, evocando uma visão evolutiva e naturalista da complexidade das relações sociais.

13. Ou "o que é eficiente em um campo determinado, ao mesmo tempo enquanto arma e enquanto objeto em jogo" (*enjeu*), o que permite a seu detentor exercer um poder, uma influência, portanto, *existir*, em um campo determinado em vez de ser "um número desprezível" (Bourdieu, 1992, p. 74).

mas as forças subalternas têm o patrimônio da mobilização e da organização política, do questionamento ideológico, da ampliação da democracia e da cidadania e da sua inserção cultural e afetiva.

Forças, mediações e estratégias em Serviço Social

É no contexto das relações de força mais gerais do capitalismo e nas particularidades das relações institucionais, nas mediações do processo de fragilização/fortalecimento do usuário, que se define o trabalho profissional do Serviço Social, em que estratégias, técnicas e instrumentos de intervenção são elaborados por sujeitos reconhecidos e legitimados para isto, e num contrato de trabalho específico (ver Faleiros, 1985).

O Serviço Social atua numa correlação particular de forças, sob a forma institucionalizada, na mediação fragilização-exclusão/ fortalecimento/inserção social, vinculada ao processo global de re-produzir-se e re-presentar-se dos sujeitos em suas trajetórias/estratégias. Raichelis (1988, p. 161)[14] lembra que a institucionalização do atendimento traz a possibilidade da reprodução de encaminhamento para outras situações similares, podendo-se fazer a articulação entre: *a)* ações de rotina (prestação de serviços), *b)* o envolvimento e a participação da população, e *c)* sua organização estratégica perante a instituição e na própria sociedade. As instituições condensam determinadas relações sociais de poder e exploração num processo contraditório de correlação de forças que constitui o espaço de saber e poder profissional (Faleiros, 1985). As mediações das relações institucionais, por sua vez, precisam ser contextualizadas e particularizadas. No Brasil estão

---

14. Raichelis lembra que mesmo nas gestões técnicas de rotina a assistente social trabalhou com a população no sentido de envolver sua *participação*, além de fornecer informações importantes para sua própria *organização* (grifo meu). Assinala também a extrema heterogeneidade da prática profissional quanto a seus vínculos com a população, a organização da equipe, o instrumental utilizado, sua orientação e clareza teórico-políticas.

inscritas num contexto político e cultural clientelista, patrimonialista, corporativista, em que, não raro, as relações de força são mediadas por favores.

Estas relações são, como vimos, contraditórias, e por isso mesmo é que abrem um campo de possibilidades de intervenção para o Serviço Social como intermediação estratégica de ação. Jacques Ion (1990) opõe dois modos de intervenção: o autônomo, contratual entre profissional e usuário, com caráter educativo e mais individualizado, e o outro territorializado, controlado politicamente, com articulação interinstitucional, voltado para uma população-alvo. A nosso ver, no entanto, tanto na forma mais restrita como mais amplamente, a intervenção profissional condensa as forças sociais e mediações complexas, podendo ser mais ou menos autônoma nessa correlação. Freynet (1995, p. 180) considera a mediação profissional como um trabalho de ligação (*passeurs*) entre os grupos de exclusão, as instituições e a sociedade local, operando ele mesmo transações e arranjando (*ménageant*) pontos de passagem, graças aos quais as transações podem se multiplicar. Este trabalho, salienta a autora, não elimina as tensões, pois está atravessado pelo antagonismo entre exclusão e inserção, acrescentando que "as mediações dão resultado quando a relação sai da dualidade para se tornar múltipla; esta construção do vínculo social se faz no cotidiano e no âmbito local".

Este esquema focaliza-se na relação inclusão/exclusão que pressupõe uma visão integradora, embora tensa, das relações sociais, colocando o Serviço Social numa posição mais de intermediação "neutra", sem se comprometer com os dominantes ou os dominados, que de mediação, numa relação de forças em que se define seu objeto, suas estratégias.[15]

De acordo com o paradigma da correlação de forças, as mediações de poder e, portanto, de opressão, subordinação, discriminação, vitimização, fragilização, exploração são postas e pressupostas teórica e praticamente, implicando o compromisso

---

15. Em 1972, em *Trabajo social, ideología y método*, questionamos a chamada neutralidade do Serviço Social.

ou engajamento dos assistentes sociais com o fortalecimento do oprimido no processo de enfrentamento de sua fragilização/patrimonialização, adotando-se "a práxis da política mais vantajosa para as classes e camadas populares" (Faleiros, 1985, p. 12). Esta é, para nós, a proposta de *"empowerment"*.[16] Judith Lee (1994, p. 13) destaca três dimensões desse processo voltadas para o fortalecimento do eu, a criticidade e o uso de recursos: a) o desenvolvimento do sentido do eu mais positivo e poderoso; b) a construção de uma capacidade de compreensão mais crítica da rede das realidades sociais e políticas e do meio; e c) o fomento de recursos e estratégias ou de mais competência funcional para alcançar objetivos pessoais e coletivos. Maurice Moreau (1993, p. 2) situa o *"empowerment"* de uma forma mais profunda: além do combate aos estigmas, à alienação e à não-consecução de objetivos pessoais, é preciso situar-se "diante das iniqüidades da sociedade capitalista que servem para perpetuar as exclusões prejudiciais, baseadas na classe, no gênero, na raça, na orientação sexual ou na saúde física e mental" . Nessa perspectiva, a dicotomia entre intervenção individual e coletiva é considerada falsa e "o objetivo imediato da prática é aliviar as tensões para as vítimas da opressão, e, a longo prazo, lutar para eliminar as reais fontes de opressão" (idem, p. 3). A ação profissional implica uma postura de aliança com o usuário (ver também Faleiros, 1985). Na perspectiva estrutural de Moreau, quatro dimensões estão colocadas para o *empowerment*: a defesa do cliente, a coletivização, a materialização dos problemas sociais e o fortalecimento do cliente.[17]

---

16. Que é definido, por Solomon, na citação de Lee (1994, p. 13), como "um processo em que o assistente social se engaja num conjunto de atividades com o cliente... que objetivam reduzir a falta de poder que foi criada pelas avaliações negativas sobre seu pertencimento a um grupo estigmatizado. Envolve a identificação dos blocos de poder que contribuem para o problema, assim como o desenvolvimento e implementação de estratégias específicas objetivando tanto a redução dos efeitos dos blocos de poder indiretos como a redução das operações dos blocos diretos de poder". Cf. Solomon, Barbara. *Black empowerment: social work in opressed communities*. New York, Columbia University Press, 1976.

17. A palavra cliente, usada neste texto, não tem nenhuma conotação clientelista. É o mesmo que usuário.

A defesa consiste na ajuda que se dá ao cliente na interação com as organizações burocráticas, como defesa de seus direitos, apoio no desafio das regras estabelecidas, questionamento do saber profissional (por exemplo, médico), recusa de encaminhamento a determinada instituição considerada inadequada, encorajamento à autodefesa.

Através das práticas de coletivização ajuda-se o usuário (cliente) a sair da compreensão individualista de seu problema, por exemplo, colocando o cliente em contato com outros usuários, apoiando o questionamento das soluções individuais, fazendo-se contatos com os membros da rede do cliente, encorajando-o a fazer alianças.

O assistente social, mediante o que chama de "materialização dos recursos",[18] redefine as situações-problema no contexto social, em sua realidade externa, por exemplo, buscando informações e reflexões sobre suas condições de vida e trabalho como determinantes da situação, dando atenção aos recursos materiais, vinculando sentimentos e pensamentos às questões ideológicas, e dando apoio emocional ao usuário.

O aumento do poder dos clientes implica tornar explícita a relação de poder na intervenção profissional, por exemplo, fazendo um contrato claro com os usuários, compartilhando com eles as informações e as técnicas, clarificando os papéis de cada um. Implica também agrupá-los, usando *seu* poder de pressão e o poder legalmente sancionado.

Este detalhamento das ações estratégicas da assistente social é retirado de uma pesquisa de campo coordenada por Maurice Moreau, com base em situações vividas na prática. Elas mostram que é possível orientar-se por um novo paradigma diante das situações enfrentadas na dinâmica institucional, na ótica do usuário e não na ótica da instituição, utilizando-se, ainda, do espaço profissional de relação direta assistente social/usuário.

---

18. No sentido de voltar-se para a objetividade das relações materiais.

As estratégias nas mediações de relações complexas em redes

As mediações se implicam mutuamente no contexto de relações histórico-estruturais, constituindo redes de mediações ou mediações em redes articuladas, sob cuja ótica é que vamos elaborar estratégias de ação. Como já assinalamos (Faleiros, 1985), o método é o desdobramento do objeto, das mediações, nas suas interconexões ou multilateralidade. As mediações da relação patrão/operário (por exemplo, a exploração, a opressão, a disciplina, o tempo), no cotidiano da fábrica, estão articuladas às mediações imaginário da relação do sujeito com a cidade (lazer, cultura, prazer) e com as mediações da relação real e imaginária mãe/filhos, fazendo, produzindo, nas representações do sujeito, a contraposição do tempo na fábrica com o tempo em casa. Estas mediações são os pressupostos da ação profissional tanto em nível mais individualizado como em nível mais coletivo.[19] Vejamos o encadeamento abaixo sistematizado da prática social de movimentos populares, que, a partir de uma questão particular, vão relacionando-a com outras questões mais gerais, tanto na prática como na sua compreensão.

A partir das análises de Doimo (1995, p. 153) sobre as redes locais dos movimentos sociais, que são formadas por pessoas na luta continuada, pode-se ver que o enfrentamento de uma questão por esses movimentos levava a outra questão. Assim, temos o seguinte processo: luta por creches ⟺ saúde ⟺ saneamento ⟺ moradia ⟺ regularização de lotes ⟺ distribuição desigual de terras ⟺ distribuição desigual de poder e renda ⟺ distribuição desigual da propriedade, podendo-se fazer o caminho inverso desde o mais geral ao mais particular. Na dinâmica da luta foram-se elaborando a compreensão mais geral junto com estratégias compatíveis com as mediações postas na correlação de forças.

Neste processo, podemos distinguir várias dimensões que se implicam: a) a compreensão das questões em jogo ou das

---

19. Eliminando-se a dicotomia individual/coletivo.

mediações; b) o processo de envolvimento dos atores ou sujeitos na ação e a configuração do enfrentamento das forças em presença; e c) a dinâmica do trabalho de mediações. Vamos, de forma rápida, explicitar cada uma dessas dimensões.

a) A questão das mediações em jogo (l'enjeu)

As mediações não são "topadas" no imediatismo[20] das relações, mas estão implicadas nas questões que se apresentam como *problemas* individuais ou coletivos, que tensionam, preocupam indivíduos ou grupos que os re-presentam, não raro, como uma falha individual ou um incômodo. O trabalho sobre as mediações nas suas interconexões torna-se um processo fundamental para superar a representação fenomênica parcial, colocando-a criticamente, e articulando-a a uma ação estratégica, seja na relação pessoal assistente social/instituição/usuário, seja numa dinâmica mais complexa de envolvimento de outros atores e redes, o que, posto, mudará também a re-presentação das mediações da questão. Este trabalho implica tanto a *compreensão* das questões em jogo, na perspectiva dos sujeitos envolvidos, como sua *explicação* pelo contexto geral em que se inscrevem, buscando-se entender as mediações particulares e gerais em que se desenvolvem. É nesse processo que os profissionais precisam elaborar instrumentos dinâmicos de documentação para captar as relações em jogo com o uso de observações, diários, programas de informática, grafos, genogramas, sociogramas, destacando-se a percepção dos usuários em contraposição àquelas das instituições e dos próprios técnicos.

Assim vão se construindo, ao mesmo tempo, mediações e redes que podem ser expressas num mapa das redes dos sujeitos, sejam indivíduos, sejam coletivos, que represente a *trama*[21] em que se foi tecendo suas vidas em seu cotidiano, articulando-se

---

20. Por isso mesmo são mediações.

21. No dicionário Aurélio, trama significa tanto o conjunto de fios passados na urdidura, como enredo, intriga, conluio, contrato, ajuste, negócio, troca, barganha e também velhacaria.

historicidade e cotidianeidade (Bertaux-Wiame, 1983). As mediações das relações de trabalho, da família, da cultura, de gênero, de raça vão se revelando nas suas dimensões teóricas e estratégicas. A descoberta da trama consiste, justamente, em situar as relações do sujeito no cotidiano e na história, fazendo com que sua trajetória seja, ao mesmo tempo, compreendida e situada.

Para compreendê-la é preciso considerar todas as *expressões* das pressões (forças) que os sujeitos sofrem no cotidiano para sobreviver como pessoa e como força de trabalho nas condições dadas de sua história social e familiar, destacando-se os diferentes patrimônios que foram ganhos ou perdidos em momentos de ruptura, de continuidade e de reorganização das relações, num processo constante de "arranjo" dos conflitos e consensos, na descoberta de oposições e alianças nessas relações. É nessas relações que os sujeitos se produzem e reproduzem, se apresentam e re-presentam.

Assim, o mapa da trama de mediações e redes deve compreender:

• O tempo histórico do sujeito vinculado ao tempo histórico social com as principais datas da historicidade e cotidianeidade do sujeito, traduzindo seu ciclo familiar, com seus projetos individual e social, quando indivíduos, ou ciclos dos movimentos e dos grupos sociais com seus projetos e os imaginários desses grupos. Destacar, *conjuntamente* com as mediações particulares, as macrorrelações sociais: economia (por exemplo, ciclo de desemprego), políticas (por exemplo, governos), culturais (por exemplo, imaginário) que se inter-relacionam com a trajetória. Considerar, nessa historicidade, as assincronias, ou seja, as contradições entre processos de datas diferentes, como assinala Martins (1996, p. 21): "cada relação social tem sua idade e sua data, cada elemento da cultura material e espiritual tem sua data. O que no primeiro momento parecia simultâneo e contemporâneo é descoberto agora como remanescente de época específica". As relações sociais vão criando sedimentos mais ou menos profundos, que se tornam ou não contemporâneos de outros conflitos e que se traduzem em momentos mais fortes ou mais fracos na vida dos sujeitos. Assim, terão ênfase os conflitos de relações, com destaque para as relações de oposição e apoio aos sujeitos.

• Em conseqüência, destacar ganhos e perdas (fragilizações): do ponto de vista afetivo, cultural, econômico, político, da solidariedade, com ênfase nas rupturas de trajetória e nas pressões por sua continuidade. As trajetórias são conflituosas e sinuosas, compreendendo ciclos de vida limitados que se inscrevem numa dinâmica maior dos tempos sociais e históricos.[22]

• Situar as opressões, as discriminações, as violências, as agressões, as barreiras de acesso, dificuldades devidas aos preconceitos, à inferiorização social, à culpabilização das vítimas, à negação da cidadania e dos direitos sociais na trama de relações (incluindo Estado, sociedade e família).

• Valorizar o *ponto de vista dos sujeitos* sobre esse processo e as mobilizações de energia, recursos que fizeram, nas condições e histórias dadas. Se possível, confrontar pontos de vista dos atores em relação.

Para construir esse mapa, a assistente social dispõe da "técnica" qualitativa da história de vida dos indivíduos e dos grupos, como um dos instrumentos mais poderosos, inclusive com o uso de genograma, do sociograma, da análise de redes e grafos. Na construção dessa história de vida é preciso passar da fase exploratória às fases analítica e sintética (Bertaux, 1995), no sentido de não só orientar o processo do mapeamento, mas de buscar os lineamentos estratégicos da intervenção, pelo envolvimento dos atores e configuração das forças em presença.

b) O processo de envolvimento dos atores ou sujeitos na ação e a configuração do enfrentamento das forças em presença

A articulação de atores implicados numa questão, seja na sua produção, seja na sua contestação, é um processo que vai

---

22. O conceito de ciclo de vida que compreende fases específicas como infância, escolaridade, casamento, trabalho, aposentadoria pode limitar a compreensão da trajetória a "momentos isolados". Por isto hoje dá-se mais ênfase ao conceito de *life course*, que compreende os tempos e as vidas particulares inseridas no tempo social e no tempo histórico, articulando-se, assim, a trajetória individual/social. O conceito de *biovia* utilizado no Capítulo 4 tem esse mesmo significado.

depender das mediações em jogo e da profundidade e amplitude necessárias para o enfrentamento dela. Os atores não são sujeitos isolados, como vimos, e as forças de enfrentamento das questões vão se estabelecendo em mediações complexas em que vão se implicando as redes primárias e secundárias, os patrimônios, os agenciamentos, os conhecimentos, os recursos institucionais, num processo de perdas e ganhos, oportunidades e desafios.

A intervenção profissional tem seus limites pessoais e decorrentes da própria estrutura institucional em que se articulam as estratégias de intervenção. As questões postas implicam as relações dos sujeitos com inúmeras determinações como as culturais, as econômicas, as familiares, as organizacionais, as políticas, num processo complexo que condiciona, ao mesmo tempo, o ângulo, o nível da intervenção e a articulação das mediações particulares, possíveis de transformar a relação de forças em presença.

O quadro seguinte mostra as articulações multideterminadas das mediações em jogo nas intervenções sociais.

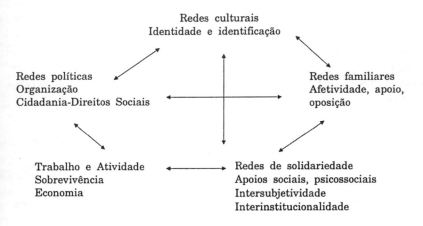

As estratégias de fortalecimento do usuário, na particularidade do trabalho social, precisam articular as mediações presentes nas redes abertas, fundadas no relacionamento intersubjetivo, com as existentes nas redes mais ou menos fechadas, pelos contornos biológicos, ecológicos, religiosos ou outros. Estas se aproximam mais do que se define como redes primárias, que se configuram mais significativas para o eu, como as relações afetivas familiares e de amizade. As redes secundárias são formais, institucionalizadas e dizem respeito à socialização do sujeito e a vínculos sociais mais amplos.[23] As estratégias de intervenção devem combinar as mediações da rede de relação primária com as da rede secundária para fortalecer o patrimônio, poder, a crítica e autonomia do sujeito.

A fragilização afetiva, resultante, por exemplo,[24] da rejeição familiar, que se manifesta em drogadição ou doença mental, implica uma estratégia voltada tanto para as relações familiares em que se imbricam de imediato como para a relação com instituições, com a garantia dos direitos sociais, com a cultura.[25] Assim, o enfrentamento de uma questão de drogadição pode ter um encaminhamento estratégico da seguinte forma: consumo de drogas $\Leftrightarrow$[26] rejeição $\Leftrightarrow$ abandono $\Leftrightarrow$ família $\Leftrightarrow$ rede familiar $\Leftrightarrow$ relações de solidariedade $\Leftrightarrow$ políticas de atendimento $\Leftrightarrow$ garantia de direitos $\Leftrightarrow$ imaginário da droga $\Leftrightarrow$ atividade laboral, implicando o envolvimento dos atores que vão dando suporte tanto à compreensão da questão como à mudança de trajetória do sujeito. O processo deve ser coordenado estrategicamente para implicar familiares, vizinhos, grupos de auto-ajuda, policiais, defesa de direitos, não sendo, de modo algum, linear, mas cumulativo, podendo sofrer reveses, é claro.

A ênfase estratégica na mudança de trajetória significa, ao mesmo tempo, uma mudança da re-presentação da questão para o sujeito e de suas relações nas diferentes redes.

---

23. Já faz parte da tradição sociológica a distinção entre comunidade e sociedade (Tönnies), solidariedade orgânica e solidariedade mecânica (Durkheim), interesses econômicos e imediatos e interesses políticos (Lenin), redes naturais e contratuais.

24. No espaço deste artigo não podemos dar outros exemplos, mas o paradigma da intervenção permanece o mesmo.

25. Inclusive com a cultura do prazer, do consumo.

26. O uso desta flecha de duplo sentido significa tanto o movimento do particular para o geral como do geral para o particular.

c) A dinâmica do trabalho das mediações e a construção das estratégias

As estratégias se constroem no *campo das possibilidades* (Sartre, 1979), que surgem, justamente, das contradições, redes e mediações. É na correlação de forças que vão se abrir as possibilidades de ação, as oportunidades estratégicas de mudança. É na dinâmica complexa das pressões e contrapressões, dos tempos históricos e historicidades em conflito, da perda e aquisição de patrimônios, das rupturas e continuidades que se pode vislumbrar a superação das relações de fragilização, opressão, discriminação, exclusão, exploração.

A construção das estratégias vai favorecer, assim, o processo e o projeto de vida do sujeito, no sentido de buscar o que ele quer e pode construir a partir das forças de que dispõe, através da construção de apoios mobilizáveis na conjuntura, em confronto com as oportunidades e forças que o fragilizam. Esta articulação de apoios e oportunidades refere-se também a projetos coletivos. Na estratégia de trabalho com movimentos locais, a partir de experiências do CERIS[27] (Doimo, 1995, p. 157) podemos ter um processo assim construído: troca de experiências ⇔ adequação da técnica aos interesses e necessidades dos grupos ⇔ dinâmica das articulações ⇔ apoio a miniprojetos[28] ⇔ organização ⇔ autodeterminação⇔cidadania.

Como vimos, as mediações da construção da cidadania (relações sujeito/Estado), do imaginário (relações simbólicas-identidade) e autonomia (relações de solidariedade, trabalho, família) estão articuladas, mas, a seguir, vamos dar ênfase a cada uma como direções estratégicas no fortalecimento das relações do sujeito.

A construção da cidadania e a institucionalização dos direitos sociais

Os processos e conflitos se produzem em diferentes campos e de diferentes formas. As políticas institucionais, consideradas

---

27. Centro de Estatística Religiosa e Investigações Sociais.
28. Através de um Fundo comum, por exemplo.

universais para inclusão na cidadania, são mediações fundamentais de fortalecimento de grupos e pessoas nas relações com o Estado. Na sua operacionalização, no entanto, podemos constatar inserções diferenciadas por classe, gênero, raça, idade, criando-se uma segunda zona da cidadania (Castel, 1995). Certas políticas, afirma Castel, não produzem a inserção, fazendo com que os jovens da periferia vão de um lugar a outro, de uma atividade a outra, "ocupando-se em não fazer nada", sem desembocar em nada. As próprias políticas trazem, embutidas, formas de uma inserção limitada, pobre para os pobres. Isto, no entanto, não desqualifica a estratégia básica fundamental de se orientar as intervenções para a garantia da cidadania e dos direitos sociais.

Esta garantia dos direitos sociais só pode ser feita pelo Estado de direitos, através das políticas voltadas para as necessidades básicas de saúde, educação, lazer, cultura, meio ambiente, rendas mínimas, com medidas "desmercadorizadas", pois o mercado provoca a deterioração das condições de vida (CEPAL, 1992), acentuando a desigualdade, reduzindo a eqüidade.

O acesso às políticas sociais básicas, no entanto, tem, hoje, pelo menos três problemas que precisam ser enfrentados: a garantia do acesso, a dependência da tutela, a inadequação à pluralidade de situações. A garantia do acesso às políticas básicas depende de condições mínimas de informação, apresentação pessoal, transporte, capacidade de falar, de requerer, entender o itinerário institucional, obter documentos, elaborar recursos das decisões. Assim, o fortalecimento do usuário ao acesso implica o trabalho social nas mediações da informação correta, do encaminhamento exato, da transparência do itinerário institucional, da defesa do usuário diante das recusas para uma operacionalização mais equânime da lei, para que se efetive uma política redistributiva de acesso à terra, à habitação, às condições mínimas de vida.

A cidadania se fortalece nas relações Estado/sociedade, nas mediações concretas das políticas sociais, que se tornam o campo de intervenção da acessibilidade, apoio e acompanhamento dos usuários. A cidadania se constitui no *exercício* dos direitos civis, políticos, sociais, ambientais, éticos, que foram construídos historicamente, através das leis, normas, costumes, convenções, que fazem com que os indivíduos sejam reconhecidos como membros ativos de uma determinada sociedade, podendo exigir dela os seus direitos, ao mesmo tempo que ela lhe exige determinados deveres comuns. Os deveres do Estado são, por sua vez, direitos do cidadão.

As políticas universalistas são criticadas por tornar os indivíduos dependentes dos benefícios. A crítica da dependência, no entanto, tem servido para a defesa neoliberal do desengajamento do Estado das políticas públicas, através da transferência de suas responsabilidades para os indivíduos e as famílias (Faleiros, 1996), usando-se, para isso, o Serviço Social e estratégias de parceria. Esta, como toda mediação, é contraditória. Se, por um lado, trazem desresponsabilização do Estado, por outro, podem abrir campo para iniciativas inovadoras de ampliação da cidadania e de atendimento das particularidades que as medidas universais, às vezes, não contemplam. A doença do universalismo é o burocratismo formalista, que faz com que os indivíduos sejam considerados apenas números e os assistentes sociais administradores de convênios, de acordo com a estratégia dominante de administrar problemas e recursos em vez de se prestar cuidado à população e garantir seus direitos. Numa perspectiva de *"empowerment"*, a flexibilização dos serviços pode contribuir para reduzir a dependência, sem que se renuncie à garantia dos direitos.

Em terceiro lugar, o Serviço Social deverá ter em conta as situações mais excludentes para fortalecer, prioritariamente, os que vivem na periferia das trocas e relações sociais significativas e enriquecedoras, tornando-se mais fragilizados. Esse fortalecimento implica, em conseqüência do que foi analisado, não só fortalecer o sujeito em relação à lei, mas no questionamento da lei, da distribuição desigual da renda e do poder, na denúncia da desigualdade, articulando-se as mediações das redes da solidariedade e dos movimentos sociais. A *inclusão pelo conflito* pode ser o caminho na mudança da própria trajetória e, ao mesmo tempo, da mudança das relações entre Estado e sociedade numa dinâmica articulada de fortalecimento da cidadania, da autonomia e da identidade, que se implicam mutuamente.

O fortalecimento da autonomia

A autonomia significa, ao mesmo tempo, a capacidade de reproduzir-se na complexidade da historicidade e da cotidianeidade das mediações de poder e das energias e recursos próprios e de re-presentar-se criticamente, combinando o reforço do eu com a aprendizagem da dúvida (Enriquez, 1994), na recusa da alienação, da tutela, do controle. Esta perspectiva se refere tanto aos coletivos como aos indivíduos.

Há conflitos de poder no interior dos próprios movimentos sociais, apesar do discurso predominante da igualdade. A autonomia precisa ser visitada também nas relações dirigente/base, na relação espaço público geral da política/espaço particularista de definição de critérios de atendimento e acesso por parte de movimentos e ONGs, na relação de controle e uso da palavra, dos horários, dos temas, dos encaminhamentos. No âmbito das organizações as relações de poder, além da lealdade, do protesto, da saída para fora delas (Hirschman, 1973), são mediadas por normas, carismas, favores, sanções, prêmios, diálogos que articulam a dependência ou a autonomia dos sujeitos.

O desenvolvimento da autonomia do sujeito implica a apropriação, pela consciência, da necessidade que está inscrita na história (Bourdieu, 1992) e pelo descobrimento e uso da própria força no contexto em que as necessidades e as possibilidades se inscrevem. No campo da solidariedade, as possibilidades de afeto e apoio; no campo da cultura, as possibilidades de auto-estima e expressão coletiva; no campo das instituições, as possibilidades de garantia de direitos; no campo da economia, as possibilidades de capacitação, emprego e/ou autogestão; no campo da organização, as possibilidades de auto-regulação e resistência ao controle, à opressão, à discriminação, à vitimização. O desenvolvimento da autonomia é um processo de negação da tutela e da subalternidade pela mediação da afirmação da própria palavra e da construção das decisões sobre seu próprio destino.

As decisões sobre seu próprio destino, e mesmo sobre seu próprio corpo, são limitadas pelas relações de classe, de raça, de gênero, de socialidade local. São, no entanto, relações contraditórias, de poder e poderes que aumentam ou diminuem no enfrentamento de forças, tanto pela expressão e manifestação dos desacordos, dos não ditos, dos recalques, dos incômodos, dos questionamentos, como pela organização e pelo reconhecimento do campo da negociação,[29] isto é, dos conflitos e consensos possíveis.

Algumas das mediações das correlações de forças, nas redes primárias, são os mitos, projetos, figuras, normas, que se relacionam com os projetos dos sujeitos, traduzindo-se em submissão, confronto, questionamento. O fortalecimento da autonomia implica o *poder* viver para si no controle das próprias forças, e de acordo com as próprias referências. Marx chamava a atenção para a transformação da classe em si em classe para si na articulação de sua consciência e força de classe.

A autonomia financeira implica, contraditoriamente, a inserção nas mediações capitalistas da sobrevivência,[30] o que exige a articulação com o mercado, com a produção e com a dinâmica das atividades sociais. As horas de trabalho para o outro não são equivalentes às horas para si, mas criam também um tempo com os outros, de mediações sociais e políticas. A capacitação para assumir e enfrentar a sobrevivência pode ser uma das mediações de fortalecimento dos sujeitos. Legault (1991), ao abordar a intervenção feminista, lembra que as mulheres devem capacitar-se em informações sobre a situação econômica do casal, sobre o regime jurídico do casamento, sobre a forma de obter pensões alimentares e bens em caso de separação, sobre os salários pagos na empresa para homens e mulheres, sobre os movimentos e grupos de mulheres.

No processo de autonomia de crianças e adolescentes é preciso desenvolver mediações de uma relação de respeito a elas, de estímulo a sua capacidade de reflexão e reação diante da correlação de forças que lhes é desfavorável, e que descamba, não raro, na violência (Faleiros, 1995).

---

29. Nada a ver com negociata, mas com a expressão do reconhecimento mútuo das forças e do objeto do conflito e dos enfrentamentos e concessões pactadas.

30. Mesmo com um trabalho autônomo ou "alternativo".

O fortalecimento da identidade

Como assinala Jovchelovicht (1994), é na alteridade, no espaço público, na pluralidade, que se constrói a identidade, sendo a representação um processo coletivo e estruturado, relacionado à cultura, à ideologia, à comunicação e à ação, produto de uma realidade exterior ao sujeito (Negreiros, 1995), mas nem por isso independente de sua atividade simbólica e psíquica.

As representações de si mesmo são mediadas pelas relações sociais e, particularmente, culturais, e vividas contraditoriamente, vinculadas à disputa e à dominação racial, de gênero, de cultura, de visões de mundo, de valores, em que se confrontam preconceitos, discriminações, desvalorizações, desmotivações. O desenvolvimento da auto-estima, do apreço por si mesmo, implica o questionamento dos papéis sociais que são atribuídos aos dominados e o questionamento da ideologia da desigualdade, da naturalização das diferenças sociais. Uma nova relação com doentes mentais, fora do hospital, sem os estigmas e prepotências do poder médico-curativo, irá desenvolver novas identidades. As articulações de expressão da palavra, de aceitação de valores diferentes, de comunicação de formas dominadas são mediações inerentes aos conflitos que perpassam os processos de migração. A construção da identidade implica fraturas na ordem homogênea e hegemônica dominante nas redes primárias ou secundárias.

O trabalho da identidade é complexo, passando por mediações particulares e singulares como o trabalho sobre o nome das pessoas e grupos, sua origem, seus pontos de vista, suas trajetórias culturais, sua mobilização dos laços em suas redes primárias e secundárias (Bilodeau, 1993), seu orgulho de pertencer a uma etnia e seus conflitos étnicos. As festas, a discussão coletiva, a construção de símbolos, a celebração de datas, a manifestação por direitos, o arranjo ou o adorno do corpo são mediações da identidade, de reconhecimento de si e do outro.

Léonetti (1994) assinala que as estratégias individuais têm uma dimensão psicológica e uma dimensão social, e na construção da identidade pode-se: a) "questionar a imagem negativa", seja pela distância que se toma dela, referência a outros valores, seja pelo ridículo, pela desimplicação, pela automarginalização, b) "revalorizar a identidade" pela agressividade, desejo de revanche, ou busca do reconhecimento, seja pela modificação temporária da relação de forças, pela mobilidade dentro do sistema ou questionamento deste, e c) pela interiorização da imagem negativa que acontece na resignação, no exercício de papéis, na fuga, na reprovação como sujeito ou no isolamento, privação da identidade coletiva, na fuga da realidade, na passividade social, na autodestruição. São mediações complexas e contraditórias que precisam ser trabalhadas nas entrevistas, reuniões e mobilizações das redes primária e secundária, nas relações institucionais.

Ser nordestino em São Paulo implica discriminações, mas, também, criação de laços nas redes, construção de solidariedades, possibilidades de autonomia e desenvolvimento da cidadania. Ser negro pode desencadear processos de afirmação pessoal, de autoestima à medida que se desenvolvam a crítica das discriminações e a mediação dos movimentos específicos de negros na sociedade.

Concluindo

O processo de ação ou intervenção profissional não se modeliza num conjunto de passos preestabelecidos (a chamada *receita*), exigindo uma profunda capacidade teórica para estabelecer os pressupostos da ação, uma capacidade analítica para entender e explicar as particularidades das conjunturas e situações, uma capacidade de propor alternativas com a participação dos sujeitos na intrincada trama em que se correlacionam as forças sociais, e em que se situa, inclusive, o assistente social.

A perspectiva relacional da estrutura, das redes, dos processos é que dá margem à visualização dos ciclos, dos patrimônios, das trajetórias de fragilização e de fortalecimento dos vínculos que permitam mudar ciclos, trajetórias, patrimônios, na dinâmica do trabalho com recursos, redes, no trabalho das mediações globais, particulares e singulares, o que se transforma em estratégia de ação profissional, combinada às estratégias de vida dos indivíduos e grupos.

Capítulo 4

Estratégia de fortalecimento e articulação de trajetórias*

Neste capítulo colocamos, ainda, a questão teórico-prática da elaboração de estratégias de intervenção em Serviço Social articulada a uma definição mais precisa do processo de fragilização ou vulnerabilização e de fortalecimento do usuário/sujeito.

Nosso pressuposto é de que é possível construir um objeto e, portanto, uma teorização da intervenção profissional, a partir da produção do conhecimento no Serviço Social. Assim, em primeiro lugar, coloca-se o problema da existência ou não de uma teoria do Serviço Social, tese questionada por alguns autores que vêem na profissão apenas uma atividade pragmática, de execução, limitada ao cotidiano e por isso mesmo sem condições de produzir conhecimentos. Em segundo lugar pretendo colocar a questão da intervenção, isto é, da prática, ou das estratégias de ação no campo do Serviço Social. Esta é a centralidade do conjunto de textos reunidos neste livro. Nunca tive a pretensão

---

* Este texto é parte do Memorial para Concurso de Professor Titular da UnB, de 1993. Foi publicado em *Intervenção Social* nº 9, Lisboa, 1994.

de situar-me exclusivamente no âmbito de uma teoria desgarrada da ação, e nem de uma ação desgarrada da teoria. Ao contrário, busco trabalhar a fecundação mútua teoria/ação com uma visão crítica. Meu propósito ao definir a "metodologia da articulação" foi justamente construir um paradigma da intervenção social que permitisse visualizar as mudanças no confronto de poderes e saberes nas relações sociais. A análise do Serviço Social hoje passa pela questão da condição de possibilidade de construção de um paradigma, e por isso mesmo é que enceto esta reflexão sobre o debate relativo à produção de conhecimentos.

Produzir conhecimentos

A chamada crise dos paradigmas traz questionamentos à forma de se problematizar nosso conhecimento, colocando-se em questão desde os dualismos, cartesianos ou não, até os modelos da ação racional ou da ação comunicativa. Quero reforçar minha crítica a algumas tendências explícita ou implicitamente presentes no Serviço Social: ao reducionismo, ao dogmatismo, aos abstracionismos generalizantes, ao teleologismo, ao empirismo.

Quando me propus a uma crítica ao neopositivismo e ao empiricismo no Serviço Social, busquei trabalhar não só os pressupostos metodológicos dessas concepções mas também seus pressupostos teóricos e estratégicos. O positivismo se funda numa visão da sociedade enquanto ordem, estabilidade, equilíbrio, integração, e ao mesmo tempo pressupõe a internalização da ordem pelos atores independentes. Esse dualismo entre ordem e indivíduo pressupõe que a ordem seja a soma, a agregação dos indivíduos. O individualismo metodológico levou esse pressuposto às últimas conseqüências ao considerar que a interação social se faz a partir dos interesses individuais, hipostasiando-se o indivíduo e suas escolhas racionais numa restauração do utilitarismo. A crítica ao positivismo ultrapassou a visão integradora da direita e alcançou o funcionalismo de esquerda, que preestabelece funções para o Estado, a classe operária, a ideologia, a partir do projeto de uma "nova ordem" que inverteria a existente. Trata-se, no entanto, de uma visão de uma ordem estruturante que nega o sujeito.

Em minhas análises do Serviço Social critiquei tanto uma como outra posição. Uma colocando no indivíduo, no seu esforço pessoal, a condição da própria construção da ordem, e a outra considerando a estrutura como uma combinatória de elementos genéricos que suprimem as decisões, as escolhas e os destinos individuais. O Serviço Social oscilou nestas duas últimas décadas entre estas duas posições: uma que enfatiza a motivação, o ego, e tem na clínica seu instrumental, e outra que enfatiza a estrutura, o macrossocial e tem na consideração das leis gerais da sociedade sua ótica para traçar estratégias. Minha análise, como detalharei mais adiante, tem se voltado para a intervenção na dinâmica das relações reais entre os grupos e indivíduos.

Reduzir a intervenção social a um único modelo, a uma teoria exclusiva, que tudo possa abarcar, é um procedimento unilateral que não leva em conta a dinâmica da história, a historicidade dos processos, a especificidade e a dinâmica de cada conjuntura.

O reducionismo metodológico não considera que os objetos do conhecimento se constroem pela fecundação mútua entre pensar e agir e que as possibilidades teóricas se ampliam cada vez que pensa criticamente a realidade vivida. A possibilidade da teoria não se limita à teoria dentro da teoria, a um desdobramento da teoria por dentro, mas à sua confrontação com a dinâmica da realidade, num processo de ruptura com o senso comum, com a *dóxa*, com a aceitação passiva do mundo. É preciso contrapor diferentes formas de conhecimento para se buscar os pressupostos daquilo que se supõe o real. Não se pode, evidentemente, confundir as intenções dos agentes com a realidade, nem tampouco reduzir tudo a um objetivismo independente dos sujeitos. A construção do conhecimento científico é polêmica, problematizadora e é através deste processo de ruptura com os supostos "evidentes" que no Serviço Social foi possível ir se construindo novos objetos de intervenção.

Para Mary Richmond, o problema social, paradoxalmente, situava-se na personalidade. Mais tarde (ver Bartlett) fez-se uma reformulação a esta visão psicologizante, passando-se a considerar simultaneamente na ação o indivíduo e o meio e o significado do meio para o indivíduo. A contribuição marxista é que trouxe a compreensão das trajetórias sociais e dos grupos de referência, passando-se a considerar que a sociedade supõe o indivíduo, mas o indivíduo pressupõe a sociedade.

Ao mesmo tempo descobriu-se que a intervenção social implica decisões e que é preciso articular o saber mais genérico com a *phronesis* aristotélica, para que se possa decidir bem, unindo-se praticidade e esclarecimento, o que nos leva ao conceito de estratégia. Ao reducionismo contraponho esta mútua transformação da ciência e do senso comum para retomar Boaventura dos Santos (1989, p. 45), que sugere a desconstrução da ciência pela sua inserção na totalidade que a transcende.

O dogmatismo, inseparável do reducionismo, nega, por sua vez, a historicidade do conhecimento e da práxis, fazendo derivar as análises específicas de princípios gerais ou de chamadas leis gerais que valem para todo tempo e lugar. O pensamento dogmático esclerosa a análise. Boaventura dos Santos lembra muito bem a necessidade de se desdogmatizar a ciência. É preciso analisar as condições históricas e teóricas da produção do conhecimento para entendê-lo em seu tempo, em seu contexto. Sempre me preocupei em contextualizar o saber, em ver as disputas que envolve, em considerar os ângulos que privilegia.

Ao se privilegiar, por exemplo, apenas as determinações de classe ou as determinações econômicas para se fazer o trabalho social, estamos tornando absolutas certas proposições que têm sentido num processo histórico e teórico e que, portanto, precisam ser analisadas criticamente em seu contexto. A questão das classes sociais não se coloca de modo algum na Grécia antiga, nem na África tribal, e é diferente no século XX do que foi no século XIX. Não se trata de negar o conceito de classe, mas de buscar o *aprofundamento* desse conceito na realidade concreta. Em meu livro *O trabalho da política* realizei uma análise das condições concretas da manifestação das contradições específicas das políticas de saúde e segurança no trabalho no Brasil considerando as relações complexas entre os diferentes atores nas diferentes conjunturas, mas de acordo com uma perspectiva mais ampla do contexto em que os atores se movem. Não se trata, evidentemente, de ecletismo que consiste no somatório, na agregação de pontos de vista, mas na perspectiva de uma apreensão da complexidade que a exclusividade de certos conceitos não dá, não traz, empobrecendo a própria análise. Não defendo o subjetivismo do conhecimento, nem os convencionalismos, nem o objetivismo, nem o tecnicismo que reduz o conhecimento ao mero aparato técnico-metodológico, mas a busca constante dos supostos e pressupostos do que é dado, dado como primeira aproximação do real, dado como constructo. O conceito de totalidade se constrói a partir de uma perspectiva de longa duração na história, mas, principalmente, a partir da análise da complexidade social em suas múltiplas determinações contraditórias e articuladas. A totalidade, como sempre afirmei, é relacional e dinâmica. É sob esse ângulo que podemos compreender as relações de forças em conflito, no processo de enfrentamento e organização de interesses dos grupos econômicos e de poder. O poder é articulação de força em múltiplas dimensões: classe, raça, gênero, imaginário, cultura, recursos, teorias, linguagem, família...

Em conseqüência é que me propus a construir uma análise do Serviço Social de dentro de sua estruturação, na consideração da perspectiva dos blocos em conflito, em conflito de posições e interesses, sem cair no abstracionismo e derivar posições de um confronto genérico entre "conservadores e progressistas", "burgueses e proletários", "tradicionais e modernos", "atrasados e avançados", "ajustadores e transformadores" ou de outros dualismos correntes na categorização da profissão nas décadas de 70 e 80 e sem cair no particularismo de guerras de personalidades. Se é bem constatável que no calor das disputas há tendência a se generalizar posições, a construção de estratégias profissionais mais profundas e conseqüentes não pode se limitar a esses esquemas simplificadores demasiadamente abstratos. As abstrações, como bem assinalou Marx, são apenas mediações para o aprofundamento do real através do pensamento, mas não o real. As categorias e as estratégias de ação em Serviço Social são construções teórico-metodológicas que advêm da fecundação da teoria pela prática e da prática pela teoria e constituem um repertório profissional para a intervenção que não é deduzível de uma teoria abstrata, mas implica uma acumulação de experimentações controladas por um saber sistemático, combinando investigações quantitativas e qualitativas com as análises críticas das mesmas.

A prática profissional só deixará de ser repetitiva, pragmática, empiricista se os profissionais souberem vincular as intervenções no cotidiano a um processo de construção e desconstrução permanente de categorias que permitam a crítica e a autocrítica do conhecimento e da intervenção. A prática crítica não se reduz à mera aplicação do conhecimento que vem de fora dela, mas ela própria gera a necessidade de reformulação do conhecimento, e em cada situação é preciso uma hermenêutica, uma *interpretação* que alie os sentidos que se dão à prática à análise das condições em que esta se realiza. As questões que se colocam nas situações singulares não podem reduzir-se à simples representação de cada agente, mas precisam se inscrever em questões mais amplas para se ver como esta interpretação está se transformando, pois a prática coloca ao mesmo tempo o imperativo da transformação. Trata-se, pois, de interpretar o mundo na sua transformação e de transformá-lo na sua interpretação.

Nesse processo de interpretação-transformação é preciso ter em conta o tempo, a temporalidade histórica, procurando-se aliar o imediato a um processo de mediações complexas que implicam conhecimento e decisão, escolhas entre alternativas, interação e conhecimento, poder e saber, poder para conhecer, conhecer para poder, visualizando-se o essencial no imediato, pois a ação vai mudando a própria interpretação no tempo histórico, à medida que certos resultados vão surgindo, e só assim se pode ver o processo. Os resultados esperados da ação são também mutáveis à luz das interpretações de vários atores em confronto e das referências mais globais dos conhecimentos acumulados. Apesar dos protocolos médicos, as situações de cada paciente exigem interpretações decorrentes de suas trajetórias e são a condição de possibilidade para novas estratégias.

A intervenção em Serviço Social consiste nesta articulação combinada de mediações de trajetórias e estratégias de ação de diferentes atores que se entrecruzam numa conjunção de saberes e poderes, configurando-se a *situação de relação* entre profissional e usuário ou cliente (embora esta palavra tenha vários sentidos, inclusive de clientela, usamo-la com referência a uma dinâmica profissional). Pode-se falar na psicanálise de analista/analisando, na educação de professor/aluno, no comércio de vendedor/comprador, na medicina de médico/paciente — no Serviço Social a relação profissional envolve mais diretamente, embora não exclusivamente, a expressão do poder como doador/receptor. Cliente leva a conotação de receptor. Minha preocupação central ao analisar o Serviço Social é de situá-lo nesta dinâmica relacional de poder e saber, a tal ponto de definir um novo paradigma de intervenção que considerasse ao mesmo tempo as forças em presença para enfrentar problemas e recursos e não recursos e problemas de forma neutra. São forças que condicionam recursos e saberes que definem problemas, ou melhor, são forças e saberes que articulam problemas e recursos, são saberes e poderes, conhecimento e estratégia que é preciso levar em conta, como já assinalado em meu livro *Saber profissional e poder institucional*. A crítica feita mostra a possibilidade de construir conhecimentos em Serviço Social, mas ele está voltado também para trabalhar estratégias em relação às trajetórias sociais e individuais, objeto das reflexões a seguir.

Estratégias e trajetórias

O discurso das ciências sociais contemporâneas passou a valorizar o sujeito como um personagem que entra em cena com seus desejos, seu mundo simbólico, sua individualidade, desconsiderando, às vezes, o próprio contexto em que o sujeito se constitui, sua trajetória social em articulação com sua trajetória individual ou familiar. A constituição dos sujeitos se faz no imbricamento de relações complexas e num processo histórico demarcado por rupturas e continuidades. As trajetórias não são caminhos prefixados *ad aeternum* pelas estruturas nem processos de escolhas livres. Elas consistem no trânsito das possibilidades para as viabilidades, numa combinação de *virtù e fortuna* na expressão de Maquiavel, dos fados e feitos, das condições dadas com as ações e iniciativas individuais e dos grupos a que se pertence.

As trajetórias não são processos mágicos, mas uma construção e uma desconstrução de poderes numa dinâmica relacional em que se entrecruzam de forma interdependente os ciclos longos da história e os ciclos curtos das vidas dos indivíduos, os tempos históricos e sociais e os tempos familiares, grupais e individuais.[1] Esta trajetória não é, pois, linear, mas um processo de mudanças de relações. Esse processo de mudança de relações implica rupturas que se manifestam em desavenças, revoltas, resistências, deslocamentos e continuidades que se manifestam como acomodações, integrações, tradições, repetições.

As rupturas e continuidades se vinculam a processos globais, independentes da vontade dos sujeitos isolados, mas que se articulam em forças dominantes e dominadas em relação. Os dominantes *podem* construir suas trajetórias de forma mais autônoma, pois detêm a hegemonia, a direção de um processo histórico de mais longo prazo, enquanto os dominados se vêem atomizados, fragmentados e fragilizados pelas pressões de todos os tipos em suas decisões.

A trajetória dos dominados tem a marca da exclusão social enquanto processo de marginalização dos bens culturais, econômicos, políticos, de lazer que constituem patrimônios de certos grupos, embora haja um processo de integração em patrimônios familiares, afetivos, de amizade, de certos bens que configuram o patrimônio dos dominados inseridos numa relação de desigualdade. Bourdieu fala da existência de diferentes capitais. Prefiro utilizar a expressão patrimônios, pois os patrimônios se adquirem nas relações de família, de exploração, de dominação e também através do imaginário social. Há patrimônios simbólicos que são vividos comumente por dominantes e dominados, como o que se chama de religião, nação, paixão pelo futebol e certos hábitos próprios de uma cultura, como a maneira de se fazer uma refeição no cotidiano. Essas vivências produzem coesão social mas não eliminam a dominação. Embora se consumam bifes em todos os

---

1. Já alertamos anteriormente sobre a limitação do conceito de ciclo, que não é tomado aqui como círculo fechado, mas como processo, dinâmica no curso da vida social/coletiva/individual.

grupos sociais, há uma grande diferença entre comer um de filé mignon e outro de acém.

Os patrimônios simbólicos são referências para a constituição das identificações sociais. A representação que indivíduos e grupos fazem de si mesmos depende das crenças, valores e referências culturais que se adotam no cotidiano. As representações e ideologias dependem das práticas sociais de classe, de discriminação, de resistência. Há uma interface entre representação e ideologia, considerando-se esta mais abrangente e estruturada de acordo com as relações de dominação. A representação social implica tanto conhecimentos adquiridos como os valores culturais de uma época, e a ideologia é a representação vivida no confronto de poderes e resistências.

As trajetórias sociais são processos de desestruturação como de estruturação de referências e patrimônios, pela articulação ou desarticulação de relações sociais num tempo e num espaço determinados onde se produzem mudanças nas formas de reprodução como de identificação social. Esta perda ou aquisição de patrimônios estão vinculadas tanto a processos contextuais como às *biovias* (termo que proponho para designar os caminhos da vida) da família, de redes de pertencimento, de vizinhança. Num dado momento um indivíduo pode ser casado, lavrador, pequeno proprietário; em outro, por uma mudança das relações na propriedade da terra, ele migra, transformando-se em separado, ambulante, urbanizado, favelado. A migração e a nova situação colocam em jogo (*enjeu*) novas relações que envolvem um processo de construção de novas referências e identificações e perda de outras que diminuem ou aumentam a capacidade de poder intervir no cotidiano e construir sua autonomia, ou seja, de conseguir ou diminuir poder.

As trajetórias das crianças de rua, por exemplo, mostram um processo desestruturador de referências e identificações a tal ponto de não se lembrarem do seu nome completo, do nome de seus pais, de sua idade, do tempo em que estão na rua, do espaço em que viviam[2], embora até possam a vir adquirir um

---

2. Ver, por exemplo, a dissertação de Oliveira (1993).

apelido, morar num mocó "personalizado" com alguns objetos, criar uma "família de rua", o que não substitui as referências fundamentais perdidas, vividas como feridas abertas.

As *biovias*, conceito que não tem nenhuma conotação biologista, podem, pois, representar fracassos ou sucessos para os diferentes atores, e, mais profundamente, traduzem um jogo de poderes, uma correlação de forças.

As estratégias são processos de articulação e mediação de poderes e mudança de relações de interesses, referências e patrimônios em jogo, seja pelo rearranjo de recursos, de vantagens e patrimônios pessoais, seja pela efetivação de direitos, de novas relações ou pelo uso de informações. As estratégias implicam investimentos em projetos individuais e coletivos que tragam a rearticulação dos patrimônios, referências e interesses com vistas à re-produção e à re-presentação dos sujeitos históricos. Reproduzir-se é atender às necessidades de sobrevivência nas relações sociais dadas historicamente e re-presentar-se significa o processo de re-construção da identidade. Como bem assinalam Len Doyal e Ian Gough (1991), as necessidades humanas básicas são objetivas e seu não atendimento traz ameaça à própria vida ou sério prejuízo a ela, e, portanto, constituem o fundamento de uma intervenção social nas trajetórias, pois o patrimônio e as referências de que falamos são mediações para satisfação das necessidades. Refazer suas formas de reprodução e de representação implica uma política do cotidiano para poder conduzi-lo nas pequenas decisões.

Essa política do cotidiano implica a sobrevivência no mundo da técnica que hoje vivemos, além da necessidade de construção de um agir comunicativo, pois o artefato não é só objeto de desejo mas meio e instrumento de acesso a *biovias* no mundo moderno. Os modernos consideram que a técnica traz melhores condições de vida, e de fato ela revolucionou o cotidiano com eletrodomésticos, computadores, informática. Ao mesmo tempo que abriu novas possibilidades de gerir o cotidiano ela também provoca dificuldades ao reduzir o emprego, tornar o trabalho mais precário, exigir novas qualificações e provocar exclusões sociais. As trajetórias e estratégias não são, pois, processos mecânicos mas contraditórios, não são lineares mas implicam mudanças e decisões que fortalecem ou enfraquecem os processos de referência, de autonomia, de atendimento às necessidades.

Não é possível viver sem referência às instituições sociais, elas fazem parte das trajetórias e estratégias dos sujeitos e por sua vez definem trajetórias, itinerários e estratégias, já que pressupõem relações de poder e saber que interferem na vida e no cotidiano dos indivíduos. O Serviço Social se inscreve num contexto institucional permeado de conflitos, de lutas, de jogos de poder e recursos, o que sempre tenho enfatizado, e participa da articulação de estratégias que variam de acordo com a perspectiva teórica e ideológica de seus atores, assim como das relações de poder das instituições.

Se é bem verdade que os grupos hegemônicos tentam implementar nas instituições sociais uma política de reforço da dominação através de estratégias clientelistas, paternalistas, autoritárias, divisionistas, de isolamento e delimitação dos problemas e recursos a planos e projetos definidos de cima para baixo, há também articulação de estratégias que visam redefinir trajetórias, mudar as relações de poder, com o uso do direito, da informação, dos recursos, das redes, em consonância com os patrimônios, referências e interesses em jogo.

Na perspectiva teórico-metodológica integradora, funcionalista do Serviço Social, a estratégia central do profissional contratado por uma instituição tem sido a do *encaminhamento* para solução de problemas de acordo com os recursos disponíveis. Encaminhamento não tem sido visto como interveniência em trajetórias mas transferências de lugares, responsabilidades, de instâncias, podendo significar tanto omissão, jogo de empurra, como redefinição de trajetórias. Busca-se mudar o comportamento, o meio, a motivação, e a principal estratégia para isto é levar o ator a adotar uma mudança ou inovação através de um processo de convencimento, de persuasão, estímulos, informação, que possam parecer mais vantajosos ou ser aceitos como vantajosos. É comum certas instituições levarem as mulheres a fazerem ligadura de trompas, determinar a retirada de crianças da família, entregar alimentos nas condições impostas pela instituição (por exemplo, com a obrigação de freqüência de reuniões) como se fossem benéficas para a população. Não é apenas linguagem o instrumento de ação do assistente social, mas o trabalho complexo de relacionar, correlacionar, propor, acompanhar, avaliar e se implicar em trajetórias e estratégias.

Nesta perspectiva integradora, o Serviço Social não passaria de uma repetição de trajetórias de acordo com o poder hegemônico que se "confirmaria" automaticamente nas relações particulares, como propõe uma certa teoria da reprodução das condições sociais. Esta visão do dominante aparece assim na Bíblia: "pois os meus pensamentos não são os pensamentos de vocês, e os caminhos de vocês não são os meus caminhos" (Is, 55, 6-9).

Quando um determinado sujeito procura ou se vê diante do Serviço Social, ele está numa trajetória de fragilização, de perda de patrimônio ou referências, sem atendimento de suas necessidades básicas, e é por isso que, em nosso paradigma de correlação de forças, propus o fortalecimento do dominado (*empowerment*) e sua defesa (*advocacy*) como objetivos estratégicos da intervenção em Serviço Social em contradição com a perspectiva de reforço do poder dominante ou da mera reprodução. O assistente social passa a ser um aliado do cliente/usuário em vez de um gerenciador de recursos da instituição em função dos critérios, normas e itinerários por ela estabelecidos.

Algumas estratégias de intervenção podem ser enumeradas levando em conta também os trabalhos de Gisèle Legault, Maurice Moreau, Guy Bilodeau, Eva Faleiros, Corrigan, Leonard, Galper. As estratégias de intervenção que a seguir enunciamos dependem das correlações de força e, portanto, da conjuntura e da situação concreta. Não se trata de uma aplicação linear dos dispositivos estratégicos, mas de um processo constante de perscrutar as condições concretas de intervenção.

As estratégias estão vinculadas às trajetórias e, portanto, devem visar à rearticulação dos patrimônios, referências e interesses fortalecendo o poder dos sujeitos dominados nas suas relações sociais. Podemos, assim, destacar estratégias de rearticulação das referências sociais, de estratégias de rearticulação de patrimônios, de contextualização e de articulação institucional.

A rearticulação de referências sociais implica o processo de compreensão do problema à luz das trajetórias do sujeito, a discussão e implementação de seus direitos de cidadania, a prática da participação nas decisões que lhe digam respeito, a mais ampla informação sobre as condições e alternativas de mudança do cotidiano, a busca do reconhecimento das redes em que convive e das relações de opressão, discriminação e intolerância que sofre. É preciso ainda que se visualize o processo de identificação social do sujeito.

As estratégias de rearticulação de patrimônios ou capitais implicam os dispositivos de acesso aos recursos, equipamentos, benefícios, fortalecendo-se a condição de reprodução dos sujeitos e o atendimento às suas necessidades, o que exige o conhecimento dos recursos e dispositivos das políticas sociais e de sua operacionalização. A inserção social nesses dispositivos é um processo avesso à exclusão social e não simplesmente uma integração adaptativa, já que o Estado é um campo contraditório de interesses, assim como o das instituições sociais. As estratégias de rearticulação desse processo de re-produção não podem limitar-se a um mero repasse de recursos, mas devem inserir-se numa compreensão do contexto social, pois serão diferentes num momento de crescimento ou de recessão, de estabilidade ou crise política e conforme as relações existentes em se tratando de cidade ou campo, zonas industriais ou de serviços, de expansão ou decadência. Não se trata, pois, de um voluntarismo, mas de uma articulação das trajetórias aos processos mais gerais, nas condições históricas de curta e longa duração, para que se possa configurar um rearranjo de poderes no curso das *biovias*.

Estas estratégias de contextualização visam retirar os problemas de sua circunscrição limitada, para considerar as relações de força, ou melhor, de dominação em suas tendências mais gerais, sem perder de vista os planos de intervenção mais específicos e particulares. A particularidade não exclui o contexto, pelo contrário, implica-o em seu movimento. A busca de *estratégias superpostas* visa abrir a possibilidade de uma articulação de níveis de ação. Um trabalho com prisioneiros implica tanto o trabalho das relações internas na prisão, das referências de prisioneiro e de seus estigmas, da cidadania que deve ser defendida, assim como a intervenção junto ao Poder Judiciário e à comunidade ou grupos de interesse nos problemas. Sem isso, por exemplo, um prisioneiro terá muito mais dificuldade em mudar de trajetória.

Esta combinação de estratégias implica, evidentemente, um plano estratégico institucional complexo para reforçar as alianças com o cliente, estabelecer os níveis e ritmos das intervenções, os recursos e as oportunidades de usá-los, o envolvimento de diferentes setores institucionais, da sociedade, da família. Uma intervenção estratégica consiste fundamentalmente na tomada de iniciativas de acordo com a dinâmica das forças e atores em presença e em confronto.

A análise aqui feita recoloca em outra perspectiva as questões suscitadas pelo movimento de reconceituação do Serviço Social dos anos 60/70, em que se enfatizavam os objetivos de conscientização, politização, mobilização e participação, conforme, por exemplo, o projeto de currículo da Escuela de Trabajo Social da Universidade Católica de Valparaíso (cf. Palma et alii, 1972). Estes objetivos eram colocados numa ótica muito dualista em que se dividia a sociedade exclusivamente entre burguesia e proletariado, e o *compromisso* de classe significava que a intervenção deveria compreender o projeto de luta de classes do operariado previsto pelo conjunto de suas organizações e de seus partidos mais representativos.

Esta perspectiva deixava de lado as experiências concretas dos trabalhadores em suas trajetórias, suas próprias experiências de classe, que iam configurando trajetórias diferentes, e a complexidade dos conflitos nas instituições e no interior do Estado, que permitem visualizar um movimento mais profundo e particular de intervenção. A marca da especificidade do Serviço Social advém da intervenção nessa particularidade que implica, ao mesmo tempo, o confronto com problemas sociais e com as correlações de força e os interesses em jogo.

O movimento de reconceituação contribuiu significativamente para uma guinada no olhar que boa parte do Serviço Social vinha dirigindo sobre seu papel e sobre sua eficácia, levantando a questão de sua relação com o capitalismo e as classes sociais, mas avançou pouco em propostas estratégicas, o que implica mais complexidade. É um desafio que me parece atual e que tentei enfrentar com estas reflexões.

Capítulo 5

Articulação estratégica e intervenção profissional*

Neste breve capítulo analisamos a crise dos paradigmas em geral, e em particular no âmbito do Serviço Social, recolocando a questão do fortalecimento do usuário a partir de questões concretas da esfera profissional. A partir do desmonte do modelo funcionalista e empirista de atuação, foi emergindo uma forma de atuar articulada às relações sociais globais sem deixar de lado a particularidade da profissão.

Se analisarmos o Serviço Social no período de 1960 a 1980-1990, encontramos grande preocupação com a questão da crítica aos modelos, formas e processos de intervenção funcionalistas. Há vários trabalhos publicados que se denominam Serviço Social Crítico, Reconceituação, Repensando a Prática. Essa crítica salienta o caráter fragmentado, pragmático, empirista, descontextualizado, heterogêneo do Serviço Social. Uma das manifestações mais contundentes dessa crítica (que é uma síntese desse período)

---

* Conferência pronunciada na OSEC — Organização Santo-Amarense de Educação e Cultura-SP — em dezembro de 1993.

é o trabalho do professor José Paulo Netto *Capitalismo monopolista e Serviço Social* (1992), no qual ele desmonta pedra por pedra o que se chama de Serviço Social. Essa crítica vem sendo repetida ao longo desse período e ainda hoje é objeto de preocupação. Na convenção da ABESS, em Londrina, em outubro de 1993, a maioria dos discursos sobre Serviço Social era de crítica, caracterizando-o, como disse, como fragmentado, descontextualizado, empírico, heterogêneo. Essas críticas, no entanto, não abrem uma perspectiva de superação do problema na dinâmica das relações sociais postas, mas pressupõem uma mudança de estrutura e, provavelmente, o fim do Serviço Social.

Por outro lado, há os que querem retomar as tradições do Serviço Social, retomar as experiências passadas e falam até em "resgate da assistência".

Estamos vivendo, ainda, um momento de crise dos paradigmas, das formas de se pensar a profissão, o que implica um aprofundamento da crítica, o que é fundamental. Não podemos nos eximir dela, mas precisamos tomar outro ponto de referência que não seja apenas a negação, porque, na crítica, temos o ponto de vista negativo (que vem desde os primeiros filósofos da dialética), e o processo de superação (para isso não precisamos retomar Marx). Negação e afirmação estão em contradição, em processo. A dialética significa pensar o movimento, a realidade em movimento, em processo. Assim, se nos fixarmos na negação, desde um ponto de vista extremamente rígido, deixamos de ser dialéticos e críticos. É preciso analisar a negação em processo e não abstratamente.

Gostaria, então, de fazer uma crítica da crítica para repensarmos o momento seguinte para o Serviço Social. A crítica feita se ressente, principalmente hoje, de dois grandes problemas: o reducionismo metodológico e o ecletismo.

A crise do paradigma proposto advém, justamente, dessa perspectiva de reduzir toda explicação a um único modelo, justificando-o em função de não se incorrer no ecletismo. O reducionismo foi uma crítica do ecletismo e hoje estamos criticando o reducionismo.

O reducionismo é a expressão teórica do autoritarismo porque reduz a realidade a uma única visão, mesmo chamando esta visão de totalidade, de expressão de uma classe contra outra. Ao se falar, excessivamente, em totalidade, esqueceu-se da particularidade, do enfrentamento contraditório das partes.

Quando, nos anos 60, nos preocupávamos com a totalidade, era para questionar a visão funcionalista dos problemas isolados. Ao se dar a volta para o pensamento da totalidade, esquecemos o processo da totalidade. A totalidade não é um modelo rígido, abstrato. É concreta (é isso o que Marx disse), temos que passar do abstrato para o concreto. Caiu-se, no entanto, no abstracionismo, abstraindo-se o todo das particularidades, e não se fez um processo de realmente se pensar a totalidade e as partes em movimento.

O segundo elemento dessa crise do paradigma marxista ortodoxo é o que poderíamos chamar de "objetivismo". A "realidade" foi vista como um conjunto de tendências, leis objetivas, gerais, independentes do sujeito. Essa negação do sujeito levou em conta o fato de o Serviço Social, na perspectiva funcionalista, ter como fundamento o indivíduo, sua motivação e seu esforço. Reagindo a isto, voltou-se para o "pensar objetivo", considerando-se a visão do sujeito como voluntarismo. Ele seria totalmente determinado pela realidade objetiva, pelas "condições objetivas" e mais, por lógica exclusiva do capital. Esqueceu-se justamente do movimento do sujeito e do objeto, como o abstracionismo se esqueceu do movimento da totalidade e da particularidade. Reduziu-se a realidade ao objetivismo, deixando-se de ver o sujeito enquanto essencial à própria dinâmica social das relações entre seres humanos entre si e com o mundo.

Ficamos, no Serviço Social, nessa gangorra: de outro lado, defendendo-se a totalidade, abstrata, e, de outro, defendendo-se a especificidade, do concreto; de um lado, defendendo-se as grandes leis, as grandes tendências da sociedade, e, de outro, defendendo-se o dia-a-dia do sujeito. Ficamos na disputa entre a afirmação da especificidade do Serviço Social na relação inter-subjetiva concreta e sua negação na visão mais abstrata e genérica. Essa negação da especificidade é um dos problemas que vivemos na prática, inclusive, criando-se uma crise de identidade da profissão. Boa parte dos assistentes sociais não sabe quem são, o que fazem e nem o que devem fazer, ficando, assim, ao sabor das estratégias definidas de fora da profissão, pelas instituições.

Tenho defendido a proposta de que é possível e viável a construção, em interação com outros agentes, de uma estratégia de ação profissional sem se perder a força e o conhecimento específicos. Não se trata de reducionismo, subjetivismo ou ecletismo, mas da construção de um ponto de partida da reflexão diferente do dogmatismo, do abstracionismo genérico e do empirismo das descrições singulares. Trata-se de assumir a particularidade dessa profissão no contexto das relações sociais. Precisamos sair das dicotomias que marcaram a profissão nos anos 70 e nos anos 80. São dicotomias excludentes. Temos vários exemplos dessa invenção das dicotomias (ver Cavalcante, 1984). Dois pólos foram criados: ou se faz ajuste ou se faz transformação. Josefa Batista Lopes (1982) também levanta essas dicotomias. Assim, para o Serviço Social havia no horizonte duas possibilidades: ou adaptação à ordem ou revolução. Para sermos coerentes com a revolução tínhamos que jogar fora trabalho social com indivíduo, que era visto como forma de ajustamento, e fazer o trabalho com movimentos sociais, que era visto como transformação. Esse entendimento, em vez de ser dialético, era dicotômico, separando o indivíduo da sociedade e mesmo negando-o, para considerar apenas a estrutura, a produção, o coletivo, a totalidade abstrata. A dicotomia também se expressava em termos de classe: ou se fazia o Serviço Social da burguesia ou se fazia o Serviço Social do proletariado. Era o Serviço Social burguês *versus* o Serviço Social proletário. O exemplo paradigmático e emblemático dessa posição é o antigo Código de Ética Profissional, que, felizmente, já foi mudado.

Embora fundamental para se analisar a realidade, a divisão da sociedade em classes deve ser entendida como numa concepção mais geral das relações sociais, a partir do ângulo das relações de produção sem que tenhamos que reduzir a elas toda dinâmica social. As classes sociais são realidades coletivas, históricas, que se constituem no movimento diferenciado das relações de exploração, de dominação. É um movimento diferenciado; portanto, não podemos falar de classes sociais da mesma maneira no Brasil, na África, na Europa. Temos que aprofundar as particularidades. Não podemos querer encaixar a realidade num modelo único. Será pura dedução reduzir as classes, hoje, ao modelo de classe do século XIX. Temos que pensar a realidade hoje, neste final de século, não com os modelos do século XIX, que inspiravam as análises do século XX. As análises do iluministas, no século XVIII, inspiraram os teóricos do século XIX em cujo final surge a contraposição entre liberalismo e socialismo como dois grandes paradigmas. No final do século XX, essa dicotomia está sendo questionada. Há os dogmáticos neoliberais que acham que o neoliberalismo é o único paradigma vigente. Aí também reside o erro dos neoliberais: acreditar que eles são a solução, esquecendo os problemas gerados pela política neoliberal como desemprego, a drogadição, a exploração social sexual. A crítica dos paradigmas implica uma análise do pressuposto dessa crítica: a dicotomia.

Como, então, repensar o Serviço Social sem cair no reducionismo, no ecletismo, no subjetivismo? Sem cair nas dicotomias? Sem cair no individualismo, na visão do individualismo metodológico de Raymond Boudon? O individualismo metodológico, hoje atualíssimo na sociologia, considera a sociedade como soma de indivíduos, como manifestação de interesses do indivíduo, como se a sociedade pudesse ser apenas uma adição conflituosa e não relações complexas. Não podemos, agora, inverter nossa análise: sairmos da visão extremada da totalidade abstrata para o individualismo metodológico. Os atores sociais não seriam mais as classes, mas os indivíduos, sempre buscando-se grandes e definitivas explicações.

É preciso revalorizar a diversidade de visões, a tolerância, sem confundi-las com ecletismo, considerando-se a diversidade e a pluralidade num processo interativo, conflituoso.

Passo agora a abordar, a partir dos pressupostos acima, a proposta de articulação estratégica no Serviço Social. Parto do princípio que a sociedade não se constitui como uma soma de indivíduos e como uma totalidade abstrata, mas como uma relação de forças estruturais/conjunturais. Essa correlação de forças implica uma relação entre a conjuntura e a estrutura social. A conjuntura é tão fundamental como a estrutura. Na conjuntura, as relações estruturais se fazem e se desfazem com ˋmovimentos mais ou menos profundos, de acordo com as forças em presença. Essas forças se constroem e desconstroem nas relações de exploração, de poder e nas relações de disponibilidade de recursos e dispositivos advindos tanto da relação de produção como de outras relações e das estratégias e dos movimentos que se fazem nessa conjuntura, nessa dinâmica de poder.

Nas relações de poder há dominantes e dominados, há um poder hegemônico — não o podemos negar, o que se verifica no processo histórico. Esta hegemonia, no entanto, se desenvolve com avanços e recuos. Não há uma dominação permanente, eterna, idêntica. A escravidão é muito diferente do momento que estamos vivendo hoje, embora soframos, até hoje, as conseqüências da tradição escravocrata, do autoritarismo dos senhores, do patrimonialismo. Há formas de ação que advêm do autoritarismo e do patrimonialismo.

Caio Prado Jr., apesar de ser um Prado e um dos grandes historiadores marxistas, que pensou o Brasil em termos de classe, começou a analisar o poder em termos de patrimonialismo, forma particular de uma hegemonia complexa vertical e transversal às instituições. Raymundo Faoro (1993) chama a atenção sobre o patrimonialismo. Prado foi criticado pelo próprio Partido Comunista, que não via essa relação patrimonialista na análise da realidade brasileira. A categoria de classe, rica para análises gerais, é pobre para outros aspectos — não explica tudo.

A relação de força — ela é uma relação de poder — implica uma relação de classe. As relações de classe estão presentes nos processos sociais, assim como as relações de organização da população, relações de resistência, relação de exclusão, o que depende de um processo que varia, inclusive, dentro da própria classe dominada e da classe dominante, com aumento ou diminuição do seu patrimônio econômico, político, cultural, afetivo, familiar.

Na relação conjuntural das pessoas e dos grupos há um processo de aquisição e perda desse patrimônio cultural. A capital econômica do Brasil é São Paulo e não Brasília, pois os capitais econômicos estão em São Paulo, articulados com o capital político existente em Brasília. A capital paulista é constituída de patrimônios fabulosos, multinacionais e nacionais. Ao mesmo tempo há em São Paulo um conjunto de nordestinos, imigrantes europeus e japoneses, alguns ex-escravos, filhos de ex-excravos, com culturas, famílias, organizações, movimentos mais ou menos significativos. A população de São Paulo revela uma relação complexa de patrimônios, uns poderosos, outros menos, mas são patrimônios. O nordestino que vem de Graúna traz de lá um conhecimento da terra, do cultivo, das plantas, das relações com a seca, a relação com a família. Chega a São Paulo com um capital, que também pode se perder, no anonimato, no não ser reconhecido. Pode perder seu capital afetivo, seu conhecimento da terra. Tem de trabalhar como peão na construção. Pode, no entanto, encontrar alguns conhecidos de Graúna, fazer uma associação dos habitantes de Graúna, fortalecer-se, ao mesmo tempo, capitalizando-se e se descapitalizando culturalmente.

Só se vê, às vezes, a fragmentação, o heterogêneo, pois não assumimos o desafio da particularidade, não trabalhamos a relação entre o particular e o todo na prática. A prática é particular, ela é específica, ela implica sujeitos com múltiplas determinações no todo. A redescoberta da especificidade é uma questão central da prática profissional, ao mesmo tempo que extremamente complexa na análise das relações de poder e fragilidade. O drogado, por exemplo, está, ao mesmo tempo, num processo de fragilização e na crença de que ele é poderoso. Por que se toma droga? Justamente para se sentir poderoso, mas num processo de extrema fragilização das suas relações. Ele está perdendo capital afetivo, familiar. Há uma série de relações entre drogadição com rejeição e com ausência de limites na família. O fato de se impor limites, não autoritários, é claro, mas como regras comuns de convivência, é uma forma de afeto. Assim estamos dando limites a uma pessoa como forma de lhe querer bem.

A drogadição é um processo de descapitalização, de fragilização num conjunto complexo de relações de força. Ao Serviço Social cabe atuar nesta relação enquanto processo de fragilização e fortalecimento dos patrimônios em jogo.

É no momento em que os sujeitos se fragilizam, perdem poder e patrimônio que buscam o Serviço Social. Temos aí justamente a nossa especificidade nessa relação de descapitalização e de fragilização/fortalecimento. À condição de dominados se acrescenta a diminuição das condições de autonomia.

O encontro dos sujeitos fragilizados com o Serviço Social se dá, em geral, numa instituição. É preciso ver essa fragilização no seu movimento complexo, não só porque a pessoa é explorada (pode até não o ser), porque a realidade é múltipla. O imigrante pobre em busca de emprego, por exemplo, é uma pessoa fragilizada. Está perdendo a sua cultura, sua relação cultural, sua relação afetiva, seu patrimônio. O imigrante com dinheiro pode estar descapitalizado afetiva, social, cultural ou politicamente. Não se trata só de "resgatar a essência da assistência" enquanto auxílio, mas do Serviço Social, do trabalho social nas relações de vida tecidas pelo sujeitos na sua história/trajetória.

Reduzir o Serviço Social à atribuição de recursos é até fácil. Basta identificar um problema e encaminhar o sujeito a um recurso como creche, documentação, posto de saúde.

O mais difícil é analisar a relação que possa capitalizar o sujeito para se ver a mudança da relação que implica recurso. Não basta a dicotomia problema/recurso. Na perspectiva da articulação estratégica, visualizamos a relação força/recurso/problemas. A perda de força é que se relaciona com o problema, o que justamente implica a busca de um recurso, que, por sua vez, depende da articulação de uma relação de força no enfrentamento da questão em jogo.

Voltando à situação da drogadição, não basta o encaminhamento da pessoa drogada ao hospital. As relações sociais é que estão em jogo na fabricação do problema e na fabricação dos recursos. Estão em jogo as relações familiares, de poder, de discriminação, de tráfico, de amizade, de trabalho, de ação profissional de organização do atendimento à saúde mental. É preciso articular uma relação de força para superar a situação, o que implica um processo complexo de articulação dos sujeitos, dos direitos, da cidadania, dos dispositivos para refazer a relação.

No momento em que as pessoas se descapitalizam, se fragilizam, chegam ao Serviço Social em sua trajetória. O objetivo, então, é o fortalecimento do sujeito, a *mudança da relação*, para fortalecê-lo e recapitalizá-lo, ao mesmo tempo em que se rearticula o problema. A busca do recurso é um processo, uma relação de força. Estamos enfrentando problemas no dia-a-dia, mas precisamos problematizar o problema, vê-lo como uma questão de relações sociais, não de forma isolada, mas como um processo conflituoso, ao contrário da visão tecnocrática. A visão tecnocrática situa o problema no indivíduo ou no recurso e não na relação social de fragilização/fortalecimento. É preciso ver a questão nos diferentes pontos de vista dos atores e forças envolvidas — do ponto de vista da criança drogada, do ponto de vista da mãe, do ponto de vista do pai, do ponto de vista da instituição, do ponto de vista do juiz, do traficante. Muitos assistentes sociais ficam subservientes à instituição na hora de analisar e de agir, e só vêem o ponto de vista oficial. Não se vê, então, a situação como questão, mas como um problema da instituição, como um problema do poder, e tornam o problema uma questão jurídica, institucional, de recursos. Não estão vendo a relação daquela questão com as forças sociais no processo de fragilização, de perda de patrimônio do sujeito.

O livro de Paulo Collen (1987), menino interno na Fundação do Bem-Estar do Menor de São Paulo e posteriormente menino de rua e artesão de sua biografia, pode ilustrar as articulações das estratégias profissionais que se inscrevem nas relações de poder e saber profissionais. Já no início da vida de Collen encontramos a presença da assistente social que encaminha o recém-nascido ao juiz, escrevendo: "Venho, através desta, solicitar uma vaga ao menor Paulo Collen em uma unidade da FEBEM, o qual encontra-se em situação irregular" (p. 13).

A definição de "situação irregular" faz parte do então vigente Código de Menores por não ter a criança um lar considerado normal. A questão específica das relações familiares e sociais em que se inscreve a trajetória desta criança não é apresentada e discutida profundamente. É suficiente a etiqueta de "situação irregular" para que o *poder judiciário*, aliado ao poder/saber da assistente social, decida sobre a vida da criança. Ela é encaminhada a uma entidade, a uma organização poderosa que controla a vida das crianças em "situação irregular". A estratégia da intervenção obedece à relação de força então articulada:

criança fragilizada $\Rightarrow$ assistente social $\Rightarrow$
situação irregular $\Rightarrow$ juiz $\Rightarrow$ entidade.

Nesse sentido, diante da fragilização, da vulnerabilidade social, do risco social que envolvia a criança, o poder de intervir se articulava à rede de tutela e de manutenção da ordem prevalecente no bojo do antigo Código de Menores.

Após a aprovação do Estatuto da Criança e do Adolescente (ECA) em 1990, está sendo construída a hegemonia de outro paradigma de política para a criança e o adolescente: o da proteção integral, em que a criança é considerada sujeito de direitos. Assim, a articulação de estratégias vai enfrentar os poderes do juiz e das organizações, do Conselho de Direitos e do Conselho Tutelar, onde se definem trajetórias de emancipação em confronto com estratégias de tutela. Há um espaço, um campo de possibilidades para se construir uma outra articulação. Criança fragilizada $\Rightarrow$ direitos ao nome, à família e demais direitos $\Rightarrow$ Conselho Tutelar e assistente social $\Rightarrow$ alternativas à consolidação da cidadania $\Rightarrow$ sistema de garantia de direitos $\Rightarrow$ operacionalização $\Rightarrow$ controle social $\Rightarrow$ avaliação x estratégias clientelistas e de tutela.

Esta perspectiva estratégica se funda na cidadania e no controle social, e as estratégias de intervenção são construídas num processo de confronto de estratégias, pois o processo proposto pelo ECA ainda não está consolidado. A assistente social articula seu poder de intervenção combinando, assim, o contexto das políticas com as particularidades desta trajetória. Certamente a *biovia* de Paulo Collen teria mudado se, por exemplo, ele fosse adotado por uma família ou tivesse sido articulado seu direito à convivência familiar com sua própria família como rede primária. A assistente social, ao que parece, articulou sua internação numa entidade da rede secundária sem, ao que parece, dar-se conta da complexidade do processo.

O segundo momento em que Paulo Collen relata um encontro com outra assistente social é quando foge da FEBEM num caminhão de socorro às vítimas das enchentes em Santa Catarina e é "capturado pela polícia", sendo encaminhado a um abrigo onde encontra uma assistente social. Assim relata sua trajetória: "Valeska (assistente social) foi muito gentil, escutou a história, mas não contei a ela que era da FEBEM de São Paulo, só disse que morava em São Paulo. Tive medo que ela me encaminhasse de volta. Fábio e outros foram levados para a FUNABEM e Valeska me arrumou um convento de freiras" (1987: 68). Apesar de escutar (um dos dispositivos centrais de uma entrevista), Valeska não conseguiu a confiança de Collen, que acabou lhe pregando uma mentira diante do poder da entidade que conhecia. É a construção da estratégia/tática do usuário, de seu poder de recusar a ordem estabelecida. Valeska apela também para o encaminhamento à rede secundária, menos tuteladora e repressora que a FEBEM, mas de onde Collen também foge. É recapturado e reencaminhado à FEBEM, onde aguarda com ansiedade poder falar com um assistente social. Relata este terceiro momento de sua trajetória, destacando em sua biografia a importância do poder do Serviço Social. "Logo que vim do almoço meu nome foi chamado para conversar com o assistente social. Era um homem, o senhor Sérgio. Comecei a explicar a ele por que tinha sido pego em Santa Catarina e como tinha ido parar lá, mas ele não estava muito a fim de me ouvir, parecia querer que eu acabasse logo com a história, talvez porque tinha outras crianças para atender. Ele não era igual a Valeska, que escutou toda minha história. Começou a escrever num papel e me disse:

— Tudo bem, Paulo Collen — chamou a mulher que conduzia os meninos até a salinha. Aquele homem só disse tudo bem!" (idem, p. 78).

Mais tarde o garoto foge de novo e vive a tragédia do envolvimento com gangues, uso de drogas, internação psiquiátrica forçada, até encontrar um projeto alternativo de oficina cultural que lhe permite escrever a biografia. O relato do encontro com o assistente social mostra a articulação de poder dentro da entidade, da própria FEBEM, ou seja, a aliança do profissional com o poder dominante complementada com um desconhecimento dos fundamentos mínimos da entrevista e do Código de Ética Profissional. Havia um espaço político e técnico de intervenção profissional que se tornou um espaço de profunda frustração para o usuário. A rede secundária tornou-se um fim em si mesma, o usuário ouviu seu nome, mais para controle que para reforço de sua identidade e de sua autonomia. A rede familiar nunca foi acionada, o usuário nunca foi tratado como cidadão, sujeito de direitos.

Como se pode observar, a articulação de estratégias é um processo que pode ter tanto um efeito de fortalecimento do usuário no seu processo de capitalização como um efeito, que poderíamos qualificar de perverso, de fragilizar ainda mais o usuário com atitudes autoritárias, rotulativas, discriminatórias, clientelistas, tecnocráticas. O profissional *pode* dizer não ou sim num determinado campo de possibilidades, usando das normas existentes para oprimir ainda mais o usuário de forma a não negociar com ele, a não elaborar um contrato de ação, a não se comprometer com nada, enfim, sendo autoritário. *Pode* rotular o usuário de viciado, fujão, revoltado, preguiçoso, ou de outras etiquetas que o inferiorizam, fazendo-o ver-se mais ainda desprovido de condições para enfrentar o cotidiano. *Pode* também tomar atitudes discriminatórias em vez de empreender ações afirmativas para lutar contra o racismo, o patriarcalismo, a discriminação quanto à orientação sexual do usuário. *Pode* usar as normas, os encaminhamentos para justificar uma ação meramente tecnocrática ou apelar para atitudes e ações paternalistas.

A disposição de poder condiciona os dispositivos e as estratégias de ação que vão condicionar o processo de construção de relações para superar as relações de opressão em relações de autonomização e articulação de redes. A discussão do que pode ou não pode o assistente social, do que sabe e não sabe supõe uma dinâmica de coletivização de sua intervenção para a qual podem contribuir os seminários interdisciplinares, a troca de experiências, a reflexão teórica sistemática na qual banhará seu objeto de trabalho que pode, à primeira vista, parecer empírico, desconectado, isolado, heteróclito.

Capítulo 6

Questionando a metodologia do Serviço Social: re-produzir-se e re-presentar-se*

> "Você só saberá o que significam esses
> atos depois que realizar todos"
> William Kennedy *Vernonia*, p. 26

Este capítulo retoma um texto que objetivou subsidiar a discussão sobre metodologia do Serviço Social no seminário promovido pela Associação Brasileira de Ensino de Serviço Social (ABESS) em março de 1988 em São Paulo. Não é dirigido à tribo dos filósofos que considera o núcleo metodológico como *hardware*, como equipamento disponível para processar qualquer realidade. Ao contrário, pretende ser uma reflexão do desdobramento das condições e da prática de trabalho dos assistentes sociais num contexto histórico determinado.

---

* Artigo publicado com o título: A questão da metodologia em Serviço Social: re-produzir-se e re-presentar-se: *Cadernos ABESS*. São Paulo (3): 117-132, 1989.

A metodologia é aqui pensada como *software*, programa e estratégia flexível de ação na articulação do específico da profissão num contexto determinado.

Não se pretende também encaixar o Serviço Social no molde *marxismo* e deduzir suas funções a partir do lugar que deveria ocupar no processo capitalista de produção, a partir das derivações gerais do papel que deve exercer o profissional no sistema, mas surpreender a realidade da atuação profissional no processo histórico de sua produção nas relações sociais. Não se trata tampouco de induzir o geral do particular, mas de compreender e explicar o processo de trabalho social nas relações complexas em que se dá a prática.

Pretende-se uma reflexão dialética que tem a crítica como instrumento de penetração nos meandros da produção de uma atividade profissionalizada, institucionalizada e organizada no contexto político das relações entre capital e trabalho. O específico da profissão só se torna específico na medida em que é visto nas relações mais globais da sociedade, onde adquire presença na dinâmica dos conflitos de manutenção e transformação da ordem social capitalista. Esta ordem não se mantém ou se transforma automaticamente, mas supõe a articulação de uma complexidade de movimentos, de trabalhos concretos, específicos, cuja generalidade está sempre presente (pressupostos) e é arrancada pelo pensamento através do movimento do abstrato ao concreto.

Essa generalidade não se apresenta como um conjunto de elementos permanentes, mas se constitui no modo de produzir o mundo e de se produzir a si mesmo. A generalidade é construída como categoria histórica negada, e realizada no particular, superada nas mediações das relações, na maneira de ser singular. Assim, é preciso que a reflexão sobre a metodologia supere tanto o formalismo das etapas preconcebidas, dos elementos preestabelecidos numa estrutura rígida, como o empirismo do "vamos ver o que é que dá".

Precisamos também rejeitar o ecletismo que busca compor um painel multicolorido de idéias para as situações diversificadas, introduzindo combinações de teorias e propostas para um arranjo que se assemelha mais a um buquê de flores de plástico que a uma planta viva. O formalismo se operacionaliza na prática, principalmente através do congelamento do método em sucessivas *démarches* de conhecimento/diagnóstico/planejamento/execução/avaliação. O empirismo tem consistido, numa experimentação inspirada nas situações pessoais, no basismo, na projeção de cada caso a cada hora. Já o ecletismo não tem direção definida, somando sem confrontar elementos de projetos diferentes, de forma acrítica. No relatório parcial da pesquisa sobre ensino da Metodologia da ABESS de dezembro de 1987, fica patente a dificuldade de superar estas três tendências. O formalismo aparece, por exemplo, na formulação da metodologia como somatório de componentes teóricos, técnicos e aplicados. O empirismo se configura na preocupação pela aplicabilidade, mas é o ecletismo que posiciona lado a lado, sem crítica, funcionalismo, fenomenologia e dialética.

É verdade que esta tripartição correspondeu ao "Currículo Mínimo" da ABESS, mas foi aplicada de forma mecânica, sem uma análise da realidade e do objeto do Serviço Social.

Funcionalismo e dialética são manifestações do pensamento social que têm origem histórica diferenciada e propostas contraditórias na definição de encaminhamentos teóricos e práticos. Enquanto o funcionalismo se atém à compreensão do dado, a dialética busca o recôndito presente no todo e que não se esconde, mas que é escondido pelas relações dadas. Não que o todo esteja fora do dado, mas não é dado percebê-lo imediatamente, já que as relações de conhecimento são também construções sociais complexas. Contrapor funcionalismo e dialética é um avanço na elaboração do saber profissional, mas insuficiente para desenvolver a prática e a teoria.

Esta contraposição, no entanto, tem se tornado apenas uma manifestação de um formalismo elementar. É preciso a crítica dos fundamentos de ambos na relação profissional, não para uma aplicação mecânica da teoria, mas para romper com as possibilidades pré-definidas e propor estratégias e táticas processuais permanentes, autocriticáveis e teoricamente criativas. Bater uma proposta contra a outra não desenvolve a iniciativa e conduz ao livresco. A análise da conjuntura, das forças, do objeto do Serviço Social, da instituição, teórica e praticamente, é que viabilizará o confronto estratégico de propostas no cotidiano. Uma metodologia que não faça isso está fadada ao fracasso ou ao discurso.

Como desenvolver então esta reflexão do objeto, da conjuntura, das forças sociais no capitalismo? Nas relações capitalistas de exploração e de dominação existem inúmeras mediações para a produção articulada da estrutura e dos sujeitos, da totalidade, das condições gerais e dos cenários específicos. Não cabe aqui discursar, ainda mais, sobre a relação de exploração, mas sobre a mediação exercida pelo Serviço Social neste contexto.

Como produto da sociedade, o Serviço Social consiste na mediação entre a produção material e a *re-produção* do sujeito para esta produção, e na mediação da *re-presentação* do sujeito nesta relação.

A mediação da *re-produção* implica o trabalho e o processo de se manter a sobrevivência da força de trabalho no cotidiano. Esta manutenção, no entanto, se apresenta de forma separada entre as condições da produção e a sobrevivência, pela disjunção realizada entre trabalho e condições de vida (Grevet, 1976). Esta disjunção decorre da forma capitalista de apropriação dos meios de produção que transforma o trabalhador em vendedor da força de trabalho e comprador de bens de consumo. Embora não consuma sem trabalhar nem trabalhe sem consumir, a esfera da produção lhe aparece separada da *re-produção*, no espaço, nas suas organizações, no dia-a-dia. Além disso, esta disjunção se manifesta na atribuição de recursos para a sobrevivência fora do processo de pagamento do trabalho, aparecendo este como manutenção do não trabalho, ou seja, do excluído da produção. Tanto pode ser pelo desemprego como pela doença, pelo acidente, pela velhice, pela separação conjugal, pela migração, pela "menoridade".

O não trabalho, no capitalismo, entretanto, não dá "direito" à sobrevivência, apesar de o sistema não absorver a todos que queiram trabalhar e estigmatiza-os como vagabundos. A sobrevivência do "não trabalhador"[1] no capitalismo deve ficar à custa

---

1. Deve-se entender a expressão "não trabalhador" como o excluído da produção pelas condições impostas pelo capital em cada conjuntura.

da família ou sob a forma de ajuda temporária inferior ao salário (Faleiros, 1987). Sua transformação em direito é um processo econômico e político de mudanças no capitalismo e nas relações de força. As crises de produção/consumo e as lutas sociais dos trabalhadores forçaram a garantia de uma prestação mínima através de formas variadas como seguro, subvenções, prestações de emergência, transferências a fundo perdido (*idem, ibidem*). Se a sobrevivência do trabalhador pelo salário é dura e difícil, a do "não trabalhador" não se mediatiza no mercado de trabalho e de consumo, mas num "mercado político", que o coage a trabalhar, sem podê-lo fazer, ou a submeter-se à obtenção de recursos fora das relações de trabalho, por meio de instituições. A mediação da sobrevivência se constrói num processo político complexo, combinando benefícios e coerção, que avançam e recuam conforme conjunturas, lutas e crises. O benefício aparece como separado da produção, como ato apenas de *re-produção*.

Esta mediação do benefício é um processo de relações de força, pois pode assumir a forma autoritária da outorga (quem dá, ostenta e define o que dá) ou a forma da conquista. Outorga e conquista, no entanto, não são categorias cíclicas simplificadoras das relações de força, mas formas de relações que atravessam a mediação da *reprodução*.

Nesta mediação, a dinâmica da *re-produção* não se reduz ao gesto de doação, que é uma estratégia do dominante que doa diante da fraqueza do dominado. Este, então, pede, implora, demanda, se submete à espera e ao resultado. A estratégia do dominado é resultante de sua força ou. de sua fraqueza. A sobrevivência no cotidiano implica assim relações complexas tanto com o Estado como com diversos organismos privados de assistência. O intelectual que organiza, que conecta o "não trabalhador ou o temporariamente excluído da produção" com o Estado e os organismos de assistência é o assistente social. Ele ou ela recebe ou informa, seleciona, encaminha, aceita, rejeita, administra um lugar, um dinheiro, uma informação, um procedimento, um prontuário. Ela, por sua vez, se encontra submetida a normas de políticas, e não controla as principais decisões sobre recursos, em geral reduzidos. A *re-produção* é desvalorizada diante da produção. *Re-produzir-se* é meio para produzir na lógica do capital; já na lógica do sujeito o produzir é meio para *re-produzir-se.*

A mediação da sobrevivência nas condições dadas pelo capital varia de acordo com a conjuntura política e as relações de força condicionadas tanto pela formação do bloco dominante como do bloco dominado e pelas crises do sistema e subsistemas capitalistas. Em época de crise também se agudiza a questão da sobrevivência. A organização do bloco dominante também vai definir o direito e o dever do não trabalhador, ou do excluído do trabalho no confronto com a organização do bloco dominado. Este confronto é mediado pela formação de associações, grupos, elaboração de estratégias de pressão e contrapressão, alianças e mobilizações mais ou menos fundadas em estudos e teorias que orientam estratégias e táticas.

A *re-produção* está articulada à *re-presentação.* Esta se traduz tanto pela consciência de si diante do outro, como pela mobilização das energias postas em movimento nas lutas e demandas individuais e coletivas. As condições de reprodução se transformam tanto pelas mediações das lutas onde os coletivos e indivíduos se transformam em sujeitos-atores, como pelas exigências da acumulação se reproduzirem como objeto.

O bloco dominante se representa como detentor do poder e do saber enquanto proprietário dos meios de produção, comandante do processo de produção, gestor da sociedade na dinâmica de dominação dos subalternos. O bloco dominado representa-se por meio de processos contraditórios de identificação, de resistência, de rebelião contra os dominantes, no enfrentamento cotidiano e nas lutas de médio e longo prazo.

A *re-presentação* envolve manifestação da cultura, da ideologia, do eu, da vida diária e das relações de classes de maneira heterogênea e confusa. A identidade de classe não é mecânica. O sujeito não se descobre no imediato, já que condicionado a ver-se como objeto. Ser sujeito implica a mediação do político, isto é, do poder. Este poder significa expressar-se, aliar-se, refletir, recusar, dispor de si, estabelecer estratégias, definir demandas, chamar o adversário à luta, construir o cenário do confronto.

O resgate da identidade se produz por meio de um processo sócio-afetivo de relações complexas envolvendo mitos, valores, sentimentos, poderes, discriminações. Estas relações não se esgotam nas relações de classe e de exploração, mas constituem reforços a elas ou forças de superação delas. Existe uma superposição intrincada de dominações que faz com que, por exemplo, se torne muito mais difícil encontrar emprego para um negro do que para um branco, para um nordestino do que para um gaúcho, para um homossexual do que para um heterossexual.

Os mitos da sociedade capitalista são formas de se despolitizar (Barthes, 1982: 163) a fala, purificando, inocentando as relações sociais e dando-lhes um caráter natural e eterno.

No cotidiano as relações entre ricos e pobres, brancos e negros, mãe e filho, religioso e ateu são transformadas em mito quando naturalizadas, simplificadas, sem mediações políticas, culturais, econômicas, ideológicas. O mito do conquistador, do sábio, do "representante de Deus" influi e perpassa o mundo cotidiano servindo à estagnação, ao congelamento da ordem vigente.

Desmitificar é um processo de politização: desordenar o naturalizado pelo socializado e pelo histórico e o congelado pelo pôr-se em ação e pelo ver-se na ação histórica, na transformação das relações sociais.

O processo de formação da sensibilidade social, da aceitação/rejeição do outro e do eu, da capacidade de sentir ou, como diria Gramsci, a relação entre o sentir e o compreender uma determinada situação histórica (Gramsci, 1981: 139) é um processo de conexão/separação entre o intelectual e o povo e do povo entre si. As brigas, disputas e percepções entre vizinhos, entre casados/divorciados, negros/mulatos, limpos/sujos, safados/honestos, preguiçosos/trabalhadores são formas de reconhecimento/conhecimento cotidiano impregnadas de religião, valência e relevâncias grupais, que configuram as visões de mundo presentes na prática social. Trabalhar esse senso comum, reconstruir as hierarquias e classificações desse terreno onde "os homens se movimentam e adquirem consciência de sua posição, lutam" (*idem*: 63) é um desafio da assistente social, ela mesma envolvida nessa superestrutura. Trabalhar as classificações é ainda insuficiente (isto o funcionalismo faz muito bem) para construir um projeto de mobilização, aglutinação social, de um bloco histórico disposto a atuar estrategicamente, isto é, vinculando estrutura e superestrutura. É preciso a construção das mediações teóricas e críticas dessas classificações imediatas por meio da *contextualização* e *historicização* do processo de formação da sensibilidade social e de sua relação com o vivido pelas pessoas e grupos. As revoltas e as raivas são parcializações de uma relação e expressões de um movimento de luta num terreno fértil para articular os interesses e visões imediatas com as forças maiores de transformação.

Esta articulação do pragmático e do político, do vivido e do pensado, do imediato e do mediato é um processo teórico de *compreensão/explicação*[2] de compartilhamento de sentimentos, atitudes, habilidades pessoais e técnicas que precisam ser metodicamente construídas, isto é, pensadas no confronto de sua própria sensibilidade, enquanto profissional, com a sensibilidade popular predominante para que se possa refletir sobre o pernosticismo, o pedantismo, o egoísmo e a solidariedade que são categorias da prática social.

A vivência das relações cotidianas implica saberes e poderes. Os poderes se constituem e se institucionalizam de forma diferenciada, tanto de cima para baixo como perifericamente (Foucault, 1979). Uma vez vi um cartaz na porta de uma oficina: "Não entre sem permissão, evite decepção" (*sic!*). A permissão era, ali, um poder definido pelo dono, que também ameaçava. Em inúmeras instituições o acesso a dados, às tramitações de prontuários e informações ficam a critério de chefes, profissionais, burocratas que detêm um poder pessoal e nem sempre normatizado, que controla a circulação de pessoas e documentos. Nos bairros constituem-se poderes de grupos que agem pela coação ou pela legitimação das relações de poder decorrentes da autoridade, das classes, da posição familiar, dos preconceitos, da submissão. Estas relações precisam ser trabalhadas em nível da consciência coletiva como mediação de processo de autoconhecimento e autodesen-

---

2. É preciso combinar, na análise e na prática, o ângulo do sujeito com o ângulo de visão dos grandes processos da acumulação capitalista.

volvimento enquanto dominado no contexto da exploração capitalista.

As discriminações são formas de exercício de poderes para excluir pessoas do acesso a certos benefícios ou vantagens ou do próprio convívio social da maioria por intermédio da rotulação ou etiquetagem de estereótipos socialmente fabricados. Esses rótulos perpassam as relações cotidianas de dominação produzindo a identificação social das pessoas.

O processo de identificação é, para Maffesoli (1987), diferente da identidade que se lhe afigura estática. Quando falamos aqui de identidade, referimo-nos a um processo dinâmico, político, complexo. A construção da identidade social, da identificação social do dominado, pressupõe o enfrentamento do dominante que se constitui a articulação de sua hegemonia por meio da manifestação de si mesmo como superior, pelo convencimento, pela coerção, pelo *marketing*, pelo uso do simbólico.

O intelectual que trabalha a mediação da *re-presentação* articulada à reprodução é o assistente social. É uma de suas tarefas desafiar e retraduzir a representação do dominado na visibilidade do dominante.

A *re-presentação* da situação vivida pelo dominado na ótica do dominante implica a *contextualização* da situação nos prontuários isolados, na entrevista episódica, na padronização dos formulários. Em vez de dominado, aí ele é visto como um infeliz, um azarado, um marginal, uma vítima, um culpado, um desviante. Nessa relação mediadora é preciso ver tanto o funcionalismo como a dialética. A metodologia da ação e do conhecimento desdobra a *re-produção* e a *re-presentação* em processos complexos que envolvem as concepções e táticas de relações entre os grupos e forças em confronto.

Na ótica funcionalista, o conhecimento do dominado e sua representação se processa no reforço da dominação. Na ótica dialética, a *re-presentação* e a *re-produção* se processam em estratégias e táticas de ruptura, crítica, alteração das relações existentes.

O desenvolvimento dessa ação não é separado do conhecimento. Ao contrário, sem o conhecimento só resta o ativismo que significa prática mimética e inconseqüente. Só a construção da análise pode superar o mimetismo e o ativismo e refletir sobre as conseqüências das práticas. O conhecimento é a condição do fundamento da ação. No entanto, conhecer a estrutura não significa dominá-la (Habermas, 1987). A sociologia da miséria não muda a miséria. A estrutura não se revela automaticamente, embora seja o fundamento das condições da ação. Para penetrá-la é preciso uma teoria capaz de dar conta das relações fundamentais do modo de produção capitalista e de sua história. Estas categorias compõem um quadro global, mas só adquire força explicativa no processo de mediação da análise concreta que supõe a história.

A história, por sua vez, é contada e vivida por sujeitos concretos inseridos na estrutura. Daí a importância de se trabalhar a relação sujeito-estrutura, o que nos coloca na conjuntura. O pensamento e a realidade se criam e recriam mutuamente (Ianni, 1987).

A conjuntura política e econômica se refere a um processo de enfrentamentos das forças fundamentais num momento determinado. Essas forças constituem blocos de interesses diante de uma grande diversidade de questões que vão desde a propriedade à vida familiar. A formação de blocos, alianças, redes, tem base no lugar ocupado na estrutura pelos sujeitos históricos, mas se articula superestruturalmente, isto é, no nível das organizações, dos projetos, das estratégias e táticas em jogo.

O campo de atuação do assistente social é a conjuntura das políticas sociais onde se separam e se formam grandes blocos de interesses diante de cada questão concreta, como a habitação, a assistência, o menor. Nessas questões, é preciso ir à profundidade e às diferenças. No que tange à habitação, o interesse de inquilinos se diferencia do interesse de favelados. No Distrito Federal houve dificuldades em se congregar em um só movimento ou bloco, favelados e inquilinos. Além disso, os interesses dos mutuários das classes médias diante do BNH se articularam num outro bloco, em que houve aliança com segmentos das classes populares.

A relação desses movimentos com o Estado está mediatizada por inúmeras outras relações, como a que se faz com os agentes financeiros, as construtoras, as imobiliárias, a política salarial. Desta forma, a dinâmica de trabalho na conjuntura varia diante dos confrontos em presença. Construir as categorias de análise para cada conjuntura de trabalho visualizando as relações de forças e os blocos em presença é pressuposto metodológico fundamental da construção de uma racionalidade ao mesmo tempo *emancipatória* e *instrumental* que permita unir o macro com a micropolítica. A razão instrumental, na ótica da Escola de Frankfurt, é uma forma de dominação em oposição à razão emancipatória (Freitag, 1986). Em trabalho anterior já salientamos a distinção entre a lógica da dominação e a lógica da libertação (Faleiros, 1972). Do ponto de vista instrumental busca-se incrementar o existente, tecnificar a ação, torná-la eficaz, fazê-la fluir (azeitar) e aceitar a produção capitalista. Libertação ou emancipação significa articular a resistência, o afrontamento de forças, a inflexão e mudança das organizações e políticas, o tornar-se sujeito individual e coletivo, portanto, autônomo, capaz de fazer as próprias leis (autônomas).

É no campo da política do cotidiano que se processa a relação entre assistente social e população, na mediação já analisada de *re-produção* e *re-presentação*. Política do cotidiano não significa uma "micropolítica" do tipo oásis e microclima de poder no contexto capitalista, e sim o trabalho na relação de efeito e de mudança em que se move a vida cotidiana. Considerar o dia-a-dia como efeito do sistema é reduzir a política a uma visão positivista. Por outro lado, apostar na mudança geral a partir das micromudanças é reduzir a política a uma visão reformista. A articulação entre a mudança no cotidiano e a mudança global se faz na relação entre poder e saber na modificação da condição geral e superação de um problema. A relação de poder e saber é uma luta por posições, recursos, direitos, organização, que interferem nas posições, recursos, direitos e organização existentes.

A mudança de relações num campo conjuntural supõe o trabalho da elaboração de estratégias e táticas. A mudança de situações se processa pela articulação de novas relações dos sujeitos entre si e na da estrutura.

As relações implicam, como vimos, poder e saber de sujeitos em conflito. O conhecimento da sua situação e da situação do adversário por parte do dominado é arma estratégica na luta por seus interesses. Este conhecimento levará à análise da *possibilidade, da oportunidade* e *da previsibilidade da ação*, isto é, permitirá saber o que fazer, quando fazer, como fazer e por que fazer.

Nas instituições o possível é regulado, burocratizado, tecnificado, enfim, o cumprimento do determinado que parece determinante. As determinações, no entanto, são históricas e na formação de mediações elas se enriquecem, desde que apropriadas pelo pensamento e desdobradas em estratégias e táticas complexas. A consideração do menor infrator apenas como determinado pela miséria ou pelo desvio deixa de lado as determinações psicológicas, familiares, da história do grupo a que se vincula, e principalmente a articulação das diferentes determinações em vários ângulos possíveis.

As questões que levam a uma relação de trabalho social encontram-se, assim, articuladas estrutural, conjuntural e situacionalmente. Nas diferentes situações, os sujeitos que se colocam em relação com o Serviço Social buscam alguma forma de organizar seu interesse, mais ou menos conscientemente.

A conscientização e a organização desse interesse passa por um processo que pode ser facilitado e coadjuvado pelo Serviço Social. Esta colaboração supõe uma *techné*, ou seja, uma construção teórico-instrumental concreta e criticamente elaborada. Isto significa o desenvolvimento simultâneo do autoconhecimento, da auto-expressão, da fundamentação de seus interesses, e o conhecimento dos interesses opostos e regras dominantes para se planejar as ações nas condições históricas existentes.

A organização do interesse supõe a mediação de vários sujeitos, mesmo que predomine uma abordagem mais individualizada, já que os interesses de classes e grupos dominados são comuns a determinado bloco histórico, mas também diferenciados nos grupos.

As formas mais específicas de elaboração desse auto-conhecimento, auto-expressão/manifestação-contra, constituem o desafio e a chave de uma dinâmica ilimitada de aplicações e criatividade.

Vejamos um exemplo citado no *Cuaderno CELATS* nº 11 a respeito do trabalho com um grupo de mulheres num bairro popular. Combinaram-se o processo organizativo e o de solução de problemas (melhora das condições de vida e serviços) com o de capacitação, o de autoconhecimento e crescimento pessoal com o grupal. A elaboração de projetos de lavanderia, agasalho, acampamento foi articulada com cursos, organização e formação. A organização implicou a constituição de associação e enfrentamento do bloco adversário, e os cursos propiciaram a habilitação em técnicas, ao mesmo tempo em que se desenvolvia a auto-expressão e a manifestação contra o adversário.

A transformação da ênfase dada na ajuda e no comportamento pelo Serviço Social na ênfase dada nas relações políticas implica uma guinada teórica e prática, mas que leva em conta as condições históricas de relações entre as forças sociais. Nessas relações é que será possível construir estratégias e táticas de defesa e desenvolvimento dos interesses dos dominados com o uso de mecanismos como pressão, legitimação e competência. Pela pressão se força a concessão, se mobiliza o grupo e se constroem aliados, se aguça a luta, se dobra o adversário, se produz denúncia. Pela legitimação usa-se o reconhecimento legal, o discurso oficial, as normas vigentes, as lideranças. Pela competência usa-se o saber, as informações, as técnicas. Não se trata de mecanismos opostos, mas de leque de combinações a serem acionadas.

O processo de *re-produção* e de *re-presentação* se desdobra não numa seqüência linear entre *input* e *output*, ou seja, entre demanda e resultado, mas na construção da gestão desse processo e da dinâmica de sua *démarche* e contra-*démarche* pelos dominados.

Na *démarche* tática é necessário, evidentemente, referir-se a problemas concretos, pesquisar, informar-se, planejar, mobilizar, reunir, divulgar, comunicar-se. Tudo isto necessita de uma referência estratégica para saber a oportunidade, a possibilidade e a previsibilidade de se obter um resultado, a satisfação dos participantes e a organização dos interesses dos dominados.

O assistente social precisa, assim, coadjuvar a ação dos dominados, fornecendo alternativas concretas, específicas e eficazes para que a dinâmica do conflito e o encaminhamento de soluções sejam favoráveis aos interesses dos dominados. Sem teoria não há alternativa, não há construção do específico, da eficácia e do conflito.

Essa dinâmica supõe, portanto, análise dos avanços e recuos previsíveis, ou seja, uma atenção permanente para a oportunidade do desdobramento de determinado interesse e dos riscos (previsibilidade) de se obter vantagem ou de se perder a causa.

À medida que os interesses se clarificam, a auto-expressão se desenvolve, o controle do processo pelo dominado se viabiliza, seu poder se amplia e seu direito se consolida. O direito é a manifestação do poder. Tornar-se cidadão é ser capaz de impor as regras de seu destino.

A formulação dessas regras depende da força disponível. Ao nível da política do cotidiano pode-se constituir uma *dinâmica* de autogestão das regras ante a várias questões, onde se diminui ou aumenta o poder do adversário, como se tem feito com alojamentos, creches, escolas, distribuição de alimentos, lavanderias. Veja-se a experiência de Calabar em Salvador, contada no livro de Fernando Conceição, *Cala boca Calabar.*

A autogestão é uma ruptura, não há dúvida, mas limitada e não raro isolada. Constitui, entretanto, uma forma de trabalho ideológica, que fermenta a elaboração de uma outra concepção do mundo, que legitima a possibilidade do próprio dominado autodirigir-se. Ao mesmo tempo, a construção da autonomia leva à quebra de lealdades, à ordem dominante e ao controle das políticas em curso, por meio da cobrança coletiva do acompanhamento, da exigência do seu direito, o que contribui à formação de um projeto de sociedade diferente, de uma nova hegemonia. A autonomia não é uma teleologia, mas um processo de luta, de articulação de poderes por meio da organização, da teorização, da mobilização de energia, recursos e estratégias que se traduzem em força, em contra-hegemonia.

A formação desse projeto histórico supõe a articulação de projetos históricos no cotidiano, no vivido, para que, como assinala Sartre, "o puro vivido de uma experiência trágica, de um sofrimento que conduz à morte não seja absorvido como uma determinação meramente abstrata" (1979: 13)[3].

Ultrapassar a alienação, isto é, a disjunção do vivido com o objetivado, implica uma mediação que não só retome a história viva do sujeito, sua gênese e suas determinações, mas seu projeto coletivo no bloco dominado, para produzir ao mesmo tempo seu processo identificatório na oposição e na diferença de sociedades.

Trabalhar a *re-representação* e a *re-produção* é o desafio metodológico do Serviço Social. Para articular estas questões do ponto de vista do ensino é preciso ter claro o objeto teórico das formas de *re-produção* e *re-presentação*, a fim de trabalhar suas mediações complexas.

Isto se traduz numa nova organização curricular que traga para o universo acadêmico o confronto rico e dinâmico das estratégias na organização de interesses na *re-produção* e *re-presentação* dos dominados. Isto significa mais especificamente a apreensão da metodologia como desdobramento do objeto na conjuntura, de forma crítica, no contexto, dando visibilidade às perspectivas dos sujeitos em confronto, para desenvolver as lutas no processo de auto-expressão/manifestação contra, reprodução/autogestão-controle, alienação/conscientização, isolamento/contextualização, explicação/compreensão, regulação/negação.

Assim, creio, poderemos superar o formalismo etapista, o empirismo do ensaio e erro, e o ecletismo das somas heterogêneas.

---

3. Sartre fala afirmativamente, criticando a absorção do sistema: nós introduzimos a negação.

Capítulo 7

Desafios da construção do método*

O tema da metodologia no Serviço Social é bastante complexo, objeto de um amplo debate que envolve uma série de pressupostos de diferentes abordagens. Isto para dizer que os limites deste capítulo se referem não só ao que seria necessário para desenvolver o tema (seu alcance), mas a seu propósito que é de apresentar apenas o que venho chamando de "metodologia da articulação" (Faleiros, 1985). Trata-se de um terreno em exploração e aberto a modificações pelas críticas e sugestões que venha a receber.

Para ordenar este trabalho, em primeiro lugar farei uma breve referência à questão da metodologia do Serviço Social na América Latina nos últimos vinte anos, em seguida uma reflexão teórica sobre os postulados em que me fundamento, para, finalmente, tratar da operacionalização da intervenção em Serviço Social, mostrando em realidade que não se pode separar história, teoria e metodologia.

---

* Versão revista da palestra realizada em 5 de agosto de 1989 na Semana do Serviço Social na UNESP, em Franca-SP.

Na América Latina, nos anos 60 e 70, tentou-se uma nova abordagem da questão recusando-se a tridivisão do Serviço Social em caso, grupo e comunidade por meio da busca de um procedimento geral e comum da intervenção. Esta busca desembocou em dois esquemas gerais: um que considera as etapas de estudo, diagnóstico e tratamento, e outro que retoma os passos do planejamento, ou seja, estudo, diagnóstico plano, programa, execução, avaliação.

No primeiro caso tem-se um modelo clínico, de correção de problemas ou desvios diagnosticados por um profissional que *aplica* a medida que *julgar* conveniente, de acordo com seus valores, seus recursos, seu saber, seu poder. Há assim um julgamento da situação por alguém que se situasse de fora, propondo-se à manutenção de uma *normalidade* implícita ou explícita, na qual norma e normal se confundiam com a ordem vigente.

O segundo caso supõe-se uma racionalidade tecnocrática, formal, sem conteúdo e sujeito; na ótica de uma razão puramente instrumental, asséptica e neutra. Confunde-se a tarefa de coordenação de atividades e disposição de recursos e ações no tempo com metodologia, com um processo de relações sociais que é diferente de ordenamento de operações na busca de *aplicar* determinados recursos para determinados problemas. Essa racionalidade instrumental esvazia as relações sociais, as contradições.

Hoje em dia há autores que voltaram a esse esquema, como Ezequiel Ander-Egg (1982) e Natalio Kisnermann (1982). Ander-Egg retoma o conceito de técnica social e Kisnermann substitui claramente a noção de tratamento pela de "planejamento transformador" porque, segundo ele, a intervenção se faz nos aspectos sadios (*sic!*) e não nos patológicos para se buscar uma produção de serviços que responda a uma situação-problema. Nesta ótica continua a dicotomia entre normal e patológico, conhecimento e aplicação, poder profissional e intervenção.

Apesar de se buscar politizar essa forma de considerar a questão da intervenção com a introdução do conceito de participação popular, foi a teoria marxista que trouxe uma ruptura dessa visão conservadora, colocando a questão do método no debate teórico global, o das ciências sociais, e de forma mais profunda (Faleiros, 1989).

Esta contribuição do marxismo, no entanto, não foi unânime nem uniforme, com influências diversificadas que vinham desde Mao Tse-tung, Lenin, até Che Guevara ou Althusser. Outros referiam-se ao próprio Marx.

Uma das propostas inverteu o esquema tradicional do planejamento, ou melhor, colocou "uma metodologia sem método" (Zabala, 1974) para se chegar à população por meio de uma dinâmica de "desconhecimento", isto é, de abolição das categorias globais para imergir-se no local (*ubicación*) através da própria prática, a fim de que fossem surgindo os conceitos aí apropriados. Esta supervalorização da *prática* e da *base* partia de uma estratégia militante junto ao povo, questionando o formalismo, mas defendendo o vanguardismo e o espontaneísmo sem a consciência de uma construção teórica.

O debate sobre a relação teoria/prática permeia o movimento de reconceituação de forma fecunda, e nele se situa a questão metodológica. A recusa do teoricismo pela prática, em alguns casos, jogou fora junto a teoria, ou seja, a criança junto com a água do banho.

O resgate da teoria se fez por meio do estudo direto de Marx, do aprofundamento do marxismo e de seu confronto com o positivismo, da crítica ao positivismo das tecnologias da clínica e do planejamento, da relação do método com as questões superestruturais da política e da ideologia (Faleiros, 1989: cap. 81). Este questionamento teve o subsídio da reflexão de Gramsci sobre a superestrutura e o intelectual orgânico (Carvalho, 1983), distinguindo-se o profissional do militante partidário, aclarando-se o papel das ideologias, da hegemonia e da contra-hegemonia (Faleiros, 1985). Os profissionais, em seu processo e seu lugar de trabalho, inserem-se no conflito entre hegemonia e contra-hegemonia, isto é, na disputa pela legitimação, pela direção da sociedade e pelo poder de coerção do Estado, nas relações entre as classes dominantes e as subalternas. Nessa disputa formam-se blocos, partidos (no sentido amplo), tanto para manutenção como para transformação da sociedade, sem que haja necessariamente uma vinculação partidária estrita, ou como assinala Gramsci (1979: 14): "um intelectual que passa a fazer parte do partido político de um determinado grupo social confunde-se com os intelectuais orgânicos do próprio grupo, liga-se estreitamente ao grupo".

A ação política é mais estreita, mas não restrita aos partidos políticos, e perpassa os lugares de intervenção do profissional em todas suas relações. Esta contribuição teórica à análise do político, da luta de poderes e saberes trouxe à reflexão questões da particularidade do Serviço Social no movimento estrutura/superestrutura.

Há autores, no entanto, que enfatizam a estrutura, ou seja, o significado mais geral do Serviço Social na estrutura a partir das relações de produção e do processo de reprodução dessas relações por meio da exploração (ver *Cadernos ABBES* n° 3). Assinalam ainda que a análise da estrutura por meio do método de Marx engloba a totalidade do social, ou melhor, do ser social em todas suas manifestações, pois suas funções são deduzidas a partir de sua ubicação na divisão social do trabalho. Trata-se de uma lógica derivativa que vai do geral ao particular em busca das determinações mais gerais da própria profissão. A partir desses postulados, a proposta que defendo é considerada "programática", isto é, voluntarista a partir de seu projeto político, mas segundo a crítica, com características messiânicas ou salvadoras.

Essa leitura da minha proposta contém o viés de quem não considera o movimento da superestrutura e da estrutura, ou seja, o movimento das contradições da própria reprodução entre as forças produtivas e as relações de produção, entre as condições dadas e sua própria transformação pela organização e o coletivo das mobilizações políticas.

Creio ser necessário conferir essas críticas e buscar um espaço para uma superação de certos impasses ou divergências. Do contrário cairemos na velha dicotomia do voluntarismo *versus* determinismo.

Para isso é fundamental a explicitação dos postulados e pressupostos teóricos de cada perspectiva, o que buscarei esboçar, nos limites deste artigo.

O que denomino de "metodologia da articulação" (Faleiros, 1985) supõe uma análise profunda da relação entre estrutura e superestrutura. Marilda Iamamoto (1982) pouco elabora a categoria de superestrutura, considerando o Serviço Social nas suas relações estruturais e na ótica das exigências contraditórias do capital para se reproduzir. Afirma a autora que "à medida que o exercício do Serviço Social está circunscrito dentro do contexto referente às condições e situação de vida da classe trabalhadora, encontra-se integrado ao processo de criação de condições indispensáveis ao funcionamento da força de trabalho, à extração da mais-valia" (p. 86). Sendo instrumento do capital ele pode tornar-se "instrumento a serviço dos trabalhadores" (p. 86); o que, segundo a autora, não é a tendência histórica.

Não me coloco na lógica de considerar o Serviço Social como instrumento ou ferramenta, mas como uma relação particular na dinâmica global das relações entre estrutura e superestrutura.

Na dinâmica da ação, da intervenção, do fazer, do operar, a ênfase que coloco na superestrutura não exclui a estrutura. Pelo contrário, a categoria de superestrutura só se entende enquanto articulação da ação e das condições de possibilidade da ação, da vontade e da organização e dos limites da realidade. Limites que mudam na própria dinâmica das relações, pois estrutura são relações de produção, circulação e de compreensão do mundo. Pensar a estrutura supõe pensar o sujeito, ainda que seja para negá-lo, supõe um sujeito que pensa, supõe uma relação ao mesmo tempo independente e dependente dos sujeitos que construíram e constroem determinadas relações.

A questão da metodologia está pois imbricada na discussão teórica da articulação entre o fazer e o poder fazer, entre o poder e o fazer poder no processo de estruturação das relações sociais. Por isso metodologia ou método, não é demais repetir, não consiste num conjunto de etapas, numa série de recomendações. Metodologia implica a análise das condições e das forças em presença para empreender uma ação com a crítica dos caminhos possíveis e das conseqüências previsíveis teórica e praticamente, em decorrência da disposição estratégica e tática dos meios e recursos para produzir efeitos.

Esses efeitos relacionam as formas de se produzir a vida material com a organização coletiva e o processo mental de concebê-las e a dinâmica de comunicação entre os homens. A superestrutura implica a organização coletiva das maneiras de se fazer o poder e de se poder fazer. Esta organização social das visões de mundo se transforma historicamente por meio da Igreja, da escola, dos meios de comunicação, produzindo e reproduzindo sujeitos que entram em interação num processo cada vez mais complexo e carregado de mediações. As mediações não são instrumentos, mas conexões complexas de relações de forças em conflito em níveis diferentes de particularização e abstração, ou inversamente, de generalização e concretização.

A relação dos homens com a vida material, com a produção, não é um fenômeno natural decorrente da natureza humana, mas construído socialmente na dinâmica do processo econômico e político de fabricação de si mesmo, das mercadorias e das relações que engendram essa reprodução. Pensar essas relações imediatamente em nível da ideologia dominante significa naturalizá-las e aceitá-las como boas. Do contrário, como seriam suportáveis a exploração e a dominação? Assim, contraditoriamente, a exploração e a dominação mediadas pelo processo de produção são mediadas de outra forma nesse mesmo processo, ou de tal maneira que o inaceitável se torna suportável. Isto não implica que todos sejam alienados. Ao contrário, essa própria contradição entre o agir e o pensar abre o espaço da luta, pois estão profundamente vinculados, vinculados contraditoriamente, no processo capitalista. Ao esconder ou denunciar a exploração as mediações superestruturais estão presentes no cotidiano. Considerando-se *livre* por meio do mecanismo do contrato, a mediação faz ao mesmo tempo a *amarração* do trabalhador às suas condições, a seu contratante. O contrato parece libertar e ao mesmo tempo atar o trabalhador. Libertá-lo dos vínculos pessoais e atá-lo como força de trabalho, embora sua força seja inseparável de sua pessoa.

A desigualdade da situação de patrão e operário é que aparece obscurecida pelo contrato, a forma transmutando o conteúdo e parecendo autônoma. Esta relação de desigualdade estrutural está assim articulada superestruturalmente, combinando-se com a discriminação, o sexismo e o machismo. Somente uma reflexão profunda, ao nível da própria superestrutura, com à contribuição da crítica, da teoria, da denúncia, da organização, torna-se mediável dar-se conta da própria estrutura.

A crítica implica, por sua vez, análise, resistência, recusa, combate tanto para identificar os adversários, as forças em presença, como suas estratégias e táticas num processo complexo. Pensar a sociedade como contraditória, conflituosa não só na sua gênese mas na sua dinâmica relacional do dia-a-dia, exige a ruptura do imediato que encanta e produz encantamento pela encenação e fetichismo das representações, através da crítica e do coletivo, isto é, do trabalho de confronto de visões, de problematização conflituosa, das análises de tendências opostas.

A resistência teórica implica a prática e vice-versa, para que se produza a crítica da prática e a prática crítica, que é a intervenção social profissionalizada. A prática crítica implica o pensar não só a mediação da rejeição, mas a busca das alternativas e suas conseqüências e mediações na medição de forças. A prática crítica é um processo da superação da contradição entre agir e pensar, fazer e refazer, no enfrentar as contradições e forças em presença, trabalhando-se o subjetivo e o objetivo, a compreensão e a transformação das relações de força para mudar as condições de ação dessas forças, tornando-as mais favoráveis. Mudar as condições das forças exige força.

Sem a crítica teórica não se articulam mediações práticas conseqüentes à prática crítica. Recusar o imediato pela indignação diante do sofrimento não basta. Analisar o sofrimento não o alivia de imediato. A passagem da abstração ao concreto, como bem assinala Marx, supõe a construção de categorias e a construção da prática as torna operacionais. O termômetro só é viável porque usa a categoria de calor/coluna de mercúrio/nível do mar.

O real pensado não deixa de ser real, o pensamento realizado não deixa de ser pensamento. A realização conseqüente, a ação é construída seja como processo crítico, seja como artefato e artifício na faticidade acrítica.

A intervenção social para a ortopedia de problemas, na visão conservadora, implica categorias do tipo desvio do normal, adaptação/desaptação com a conseqüente prática de encaminhamento, uso de recursos, correção, construindo-se o caso, o problema, a situação, a pessoa para pensá-los num modelo formal dicotômico imediato de carência/complementação. *Como se* a sociedade, no seu todo, nem sequer existisse ou fosse opulenta e aberta para todos. Isto é negar-se o todo para se considerar as partes, o singular isolado, o efeito imediato.

Seria uma inversão mecânica considerar-se o todo sem as particularidades, sem o movimento da relação das partes no todo e do todo nas partes, considerar-se a estrutura sem a superestrutura e vice-versa.

A particularidade da intervenção em Serviço Social está no movimento das relações sociais mais gerais do processo de reprodução dessas relações no capitalismo. Esse processo, no entanto, não é automático mas imbricado em contradições e conflitos das forças sociais. A reprodução da força de trabalho tem avanços e recuos, os recursos aí envolvidos e os problemas levantados são questões que envolvem uma dinâmica de disputa, confronto entre blocos de força que articulam estrutura e superestrutura, abrangendo o econômico, o político e o ideológico.

O eixo da intervenção, nessa perspectiva, não é a reprodução em geral nem a singularidade de um caso ou de um recurso, mas a *mediação* da correlação de forças para mudar as condições em que recursos e problemas se colocam e se destinam ao bloco dominado. As condições particulares de dominação e exploração por meio do gênero, da raça, da lei, do discurso, da distribuição de recursos são enfrentadas em relações simbólicas desiguais. Estratégias e táticas de manipulação, violência, silenciamento, castigo, destruição da identidade não são neutras e é preciso, pois, contrapor-lhes estratégias e táticas de denúncia, desmascaramento, contraviolência, silêncio do que possa prejudicar o dominado. É, pois, na ótica do dominado, na sua *relação* com o dominante na particularidade de sua condição que situamos o método em Serviço Social. Para se trabalhar a força e o saber do dominado com ele numa nova relação profissional que dinamize categorias próprias que levem à crítica da prática conservadora para uma prática crítica.

Nesta dinâmica, a relação profissional não considera o cliente ou o usuário como incapaz, indolente, coitado, ou como ameaça, perigo, mas nas suas condições *históricas* particulares, na sua articulação de relações, isto é, nas suas *redes*. Esta expressão (Brodeur & Rousseau, 1984), hoje em voga, não deve ser tomada como uma descrição de contatos interface, mas como uma categoria de poder, e a relação profissional/redes se situa aí. As redes não são visíveis e estáticas, mas são conexões informais ou formais de vínculos de trabalho, parentesco, vizinhança, consumo, lazer, afeto, mais ou menos fortes no cotidiano. A mediação dessas redes é a questão em jogo, o *enjeu* complexo da intervenção. Não se trata de intermediação entre um e outro elemento, uma ou outra rede, mas de articular processos de polarização, composição, conflito nessas redes para enfrentamento (em várias frentes) de problemas vividos complexos como desnutrição, por exemplo. Podem estar em jogo o processo de exploração mais geral como cultura, valores, rejeição do filho. Às vezes considera-se que o sistema é mau e que todos os pais são bons, invertendo-se o maniqueísmo daqueles que consideram maus os pais e bom o sistema. A dificuldade de trabalhar o particular e o complexo no cotidiano é que a razão geral ou a instrumental não podem ser separadas. São processos concretos que não se reduzem a categorias gerais, nem a arranjos de recursos. As manifestações dessas particularidades trazem à tona angústias, ódios, temor, visões de mundo que não são um senso comum desprezível e descartável, mas o próprio caldo histórico das condições das redes políticas e ideológicas.

A particularidade se torna objeto de intervenção no processo geral não como questões isoladas, mas como processos em que é preciso refletir como rigor (*maîtriser*) os interesses em jogo, suas manifestações esporádicas e mais profundas, as expressões superficiais das pressões sofridas e seus significados, a dinâmica dos condicionamentos econômicos com os políticos e ideológicos e as aglutinações e divisões das forças nas alianças e rupturas de personagens em cena e grupos ou blocos.

As dinâmicas das redes particulares e as problematizações aí efetuadas à luz de categorias articuladoras possibilitam a construção de modos de ação estratégicos e táticos, não como programas de caráter teleológico, mas como mediações de força para mudar as condições de acesso a uma política geral, de usá-la de outra forma, de superar opressões, de compreensão, saber e informação, de exercer um direito, entre outras particularidades.

O Serviço Social assim se diferencia dos partidos políticos, que, embora possam estar na luta contra essas opressões, têm como objetivo a conquista dos governos e da governabilidade de uma nação em nível estatal. A particularidade do Serviço Social se dá no contexto de suas funções institucionais, nessa rede institucional na qual se inscreve historicamente e onde há jogo de poder para definir objeto da ação, para dispor de recursos, para propor estratégias, para montar operações. O objeto institucional (Faleiros, 1985; Weisshaupt, 1985) está condicionado pela rede institucional, mas é mutável pelas pressões e outras mediações da atuação profissional, de grupos e blocos, pelas divisões internas, assim como a disposição de recursos, a proposição de estratégias, a montagem de operações. As prioridades se transformam pelas novas relações que se fazem, e as superações podem se tornar mais profundas. Em vez de clientelismo, direitos; em vez de caixinhas, transparência; em vez de superficialidade no atendimento, profundidade e complexidade competente. São questões relacionadas.

A construção do objeto se faz ao mesmo tempo que a constituição do sujeito. A mudança das condições particulares e gerais implica a intervenção do sujeito que, na prática social, vai fazendo e desfazendo vínculos, isto é, fazendo e desfazendo a si mesmo. Não coloco, pois, uma precedência do sujeito, mas a relação social como fundamento do ser do sujeito e das condições em que atua.

Cabe-nos agora, como terceiro item desta exposição, colocar os procedimentos, a operacionalização da intervenção diante dos fundamentos e postulados anteriormente explicitados. Fugir desta questão, seja ao colocá-la como secundária ou como decorrência de um método geral, é inconseqüente para o Serviço Social, justamente exigido no enfrentamento operacional dos problemas sociais. Por outro lado, também é inconseqüente só visualizar problemas sem referencial teórico-metodológico.

A relação profissional/redes se faz numa dinâmica complexa de mediações em que se constroem o conhecimento e o reconhecimento mútuos de si e do "campo de manobra" (vamos chamar assim o cotidiano) de cada um. Esse reconhecimento se faz na dinâmica da demanda e da oferta de serviços e recursos não só pelo reconhecimento de sua legitimidade ou de seu direito, mas também pelo reconhecimento de atores que interagem no processo. Esse reconhecimento é diferenciado envolvendo contatos, formulários, burocracias, filas, solicitações. É muito diferente estar de um lado ou de outro de um balcão. Ao fazer um pedido numa repartição policial, por falta de datilógrafo, passei a escrever à máquina do outro lado da escrivaninha e logo fui identificado e abordado como funcionário da polícia. Os campos de força nos delimitam, e reconhecer o campo e os atores implica medir e mediar informação, poder, recurso, e assim avançar ou recuar. Nesse instante a rede se manifesta como apoio, acompanhantes, cartas, mandatos, posturas, pressões.

O campo institucional, como já analisamos (Faleiros, 1985), fetichiza, dissuade, dissimula, divide, fragmenta problemas e redes. A ruptura com essas estratégias e a desigualdade de relações com a população exigem um reconhecimento da pessoa por parte do profissional, de seu direito e o trabalho com a categoria de aliança, transformando a escuta, a escuta ativa, se for o caso, a entrevista, em processo de desculpabilização do cliente, de propiciamento de informação, de expressão e alívio da opressão. A relação entre profissional e população, no campo institucional, tem também um referencial simbólico desigual onde a representação de ambos atores se faz no contexto cultural e político da dominação, podendo o profissional significar muito mais do que realmente pode decidir, estabelecendo-se uma desigualdade que precisa ser pensada, e mudada. A discriminação é uma forma de preconceito e, portanto, de enfraquecimento de poder e do reconhecimento do outro e que pode também ser reforçado se não se passa pela prática crítica.

A intervenção não se realiza de forma isolada, mas num contexto coletivo. Transformar o reconhecimento em "coletivos" é fundamental. O coletivo é a formação da organização e da canalização da energia conjugada pelo trabalho da vontade, das superestruturas políticas e ideológicas que viabilizam reivindicações comuns, trocas de saberes e informações, articulação de propostas, estratégias, debates e confrontos.

Propiciar que problemas comuns se encontram com atores diferentes, buscar os sujeitos envolvidos numa questão enquanto solidários ou adversários torna coletiva a questão para se ampliar a força de intervenção e se construir uma estratégia para mudar as condições. Articular redes entre si, formais ou informais, colocando as operações no sentido de elevar a participação, a força e a informação coletiva, cria condições de mudar a visão dos problemas em jogo e as condições particulares de sua produção.

O coletivo das redes não se opõe à identidade. Ao contrário, aí ela se forma enquanto imagem de si mesma no enfrentamento das representações que os dominantes elaboram dos dominados, num processo de aceitação/rejeição/enfrentamento. Uma rede de mulheres pode, numa prática crítica, abrir a possibilidade de se mudar a visão de dominada e a submissão ao marido ou ao patrão, influindo nas condições de salário e de vida.

À medida que se colocam no processo de reconhecimento/coletivo/identidade os problemas, constrói-se a luta para enfrentá-los, constitui-se o sujeito e mudam-se as condições particulares, com a articulação ao processo geral de exploração capitalista. Os temas, as categorias de análise vão explicitando, por sua vez, essas dimensões com novas luzes em foco, com novos ângulos.

As redes são blocos mais ou menos organizados que buscam não só a identidade, mas a resistência, a alternativa da ação e da sociedade existente à medida que esta política se articule com outras redes e forças. A intervenção numa política social ou numa política mais geral poderá ser mediatizada com pressões na luta pela cidadania, pelas mesmas regras para todos, pela abolição da discriminação e barreiras para todos, sem privilégios, clientelismos para os mais poderosos.

Esta formação de blocos, projetos e ações mais amplos exigem mediações políticas para influenciar um poder mais forte ou um maior número, aumentando-se a pressão, mas com o mesmo processo de afirmação de um interesse de superação das opressões para negá-las politicamente. O processo de solução de problemas reconhecidos inicialmente vai se transformando, e com a força de redes se podem negociar novas condições. A chamada intervenção de redes, aqui citada, não coloca explicitamente a questão da cobrança coletiva, da democratização, da transparência, de novas políticas. O processo particular implica necessariamente o geral, e é preciso explicitá-lo para ir se ampliando a luta.

O processo político de enfrentamento do poder constituído vai também mudando as relações do coletivo com esse poder e do poder do próprio coletivo para ruptura da dependência ideológica e política, e construção de formas articuladas de autogestão. Isto não significa isolamento, autarcia, mas construção do poder de cobrar e de decidir seu destino num processo de ondas sucessivas e articuladas. Por exemplo, o voto para presidente da República estaria desvinculado do voto para o dirigente de uma associação? A própria visão conservadora busca *conservar* o poder com estas articulações.

A prática crítica, pelo fato mesmo de se querer crítica, implica o constante repensar do caminho percorrido, a reflexão do momento, da oportunidade das ações com as lições iluminadas pelas categorias em jogo. A autocrítica é a contrapartida necessária da crítica.

Esse processo aqui esboçado implica um uso variado de técnicas como de documentação do processo (anotações, dossiês), representação da dinâmica vivida (cartazes, vídeo, fotos), elaboração de estratégias (planos, programas), formação do coletivo (reuniões, debates), fabricação da identidade (denúncias, fotos, nomeação, biografias), defesa e conquista da cidadania (reivindicações comuns, manifestações, pressões), troca de saberes (informações, jornais) e outras que se inscrevem nesse projeto de articulação estrutural/superestrutural aqui exposto. É importante e fundamental, no entanto, o uso constante de grades de análise para revisão das próprias categorias, elevação teórica da intervenção.

Esta elevação vai propiciar escolhas mais conscientes e conseqüentes, pois intervir é escolher caminhos com riscos implícitos e explícitos em cada conjuntura, em cada crise. Escolher implica também ter força, pois quanto mais forte se é ideológica, política e economicamente, tanto mais se amplia o campo de opções, é claro, não sem contradições.

Concluindo essa reflexão, lembraria que a relação estrutura/superestrutura não se dá de forma mecânica, mas numa dinâmica de lutas, contradições e constituição do próprio sujeito nesse processo, superando-se, dessa forma, a visão determinista e voluntarista, uma que nega o sujeito em nome da estrutura e outra que o afirma soberano em nome da superestrutura.

Capítulo 8

Relações sociais e sujeitos históricos da ação profissional*

> "Se as relações entre intelectuais e povo-nação, entre dirigentes e dirigidos, entre governantes e governados, são dadas por uma adesão orgânica na qual o sentimento-paixão se torna compreensão e, portanto, saber (não mecanicamente, mas de maneira viva); só então a relação é de representação e se produz o intercâmbio de elementos individuais entre governantes e governados, entre dirigentes e dirigidos; só então se realiza a vida de conjunto, a única que é força social. Cria-se o 'bloco histórico'." In GRAMSCI, Antonio, *Concepção dialética da História*. Rio de Janeiro, Civilização Brasileira, 1978.

> "Essa força de trabalho está indissoluvelmente ligada à sua pessoa e é inseparável dela."

> ENGELS, Frederico. In prefácio MARX, Karl. *Trabalho assalariado e capital*. São Paulo, Global 1985, p. 11.

As relações sociais são vínculos que os homens criam entre si nas condições dadas pela história, vínculos multifacetados,

---

* Publicado originalmente em *Serviço Social*: as respostas da categoria aos desafios conjunturais. CONGRESSO CHICO MENDES — VI CBAS. São Paulo, Cortez, 1991.

diversificados, determinados pelo modo de produção e articulados entre si. A produção da sociedade, isto é, o processo e sua reprodução ao nível global pela geração de um excedente que é expropriado de muitos e apropriado por poucos, implica a reprodução da força de trabalho e a socialização dos indivíduos como sujeitos desse processo.

No feudalismo, esses vínculos atavam a pessoa do servo à pessoa do senhor através de laços de submissão *versus* proteção. O capitalismo rompeu os laços pessoais entre o vendedor da força de trabalho e o patrão, obrigando na relação de produção o trabalhador a dispensar energia em troca da reposição dessa energia pelo salário.

A produção capitalista absorve não só os músculos, mas a mente do trabalhador. Na mediação do contrato de trabalho, as horas de atividade laboral não pertencem ao trabalhador e sim ao capital que determina e dirige onde deve estar o que fazer, em que ritmo e sem saber o resultado. A força de trabalho parece não ter opinião, não ser sujeito. No entanto, ela se faz na relação social, na constituição de seu predicado enquanto sujeito histórico que é então assujeitado. Os vínculos entre trabalhadores e patrões carregam, assim, as contradições de interesses opostos, interesses de classe, de situações, de modos de vida, de opiniões que se articulam na fábrica e fora dela. O vínculo do trabalho é fundamental para o trabalhador como para o capitalista, mas também propicia a criação de vínculos e solidariedade entre os próprios trabalhadores. Quebrar essa solidariedade é a meta política fundamental do capital através do sistema de competição nas promoções e salários, de cooptação dos líderes, de demissões. No capitalismo, a produção não se faz em troca de proteção pessoal mas da realização de interesses de grupo organizado, de classe.

Alguns capitalistas (ver Owen) se preocuparam com vilas operárias, farmácias, serviços de saúde para manter a mão-de-obra e desenvolver a boa imagem da empresa, e enfrentar as lutas operárias. Começaram também a se voltar para a subjetividade da força de trabalho, a aceitação da empresa, na relação com a família do trabalhador, sua cultura, patrocinando lazer e desenvolvendo o compromisso com a empresa, seja através da administração por objetivos, da co-gestão parcial e com o chamado comprometimento das pessoas para com a empresa e o produto (Fleury, 1988).

A empresa quer se tornar flexível coordenando as máquinas, o produto, as demandas do mercado com novos impactos sobre a força de trabalho, automatizando a produção, tecnificando, poupando mão-de-obra e aumentando a produtividade. Nessas empresas modernas há um sistema de benefícios controlados por ela ou terceirizados para aumentar a satisfação da força de trabalho, atendendo a inúmeros problemas do cotidiano — como acesso a serviços, documentação, restaurante, empréstimos, transporte, educação, bolsas de estudo — envolvendo a família.

As empresas utilizam a divisão sexual do trabalho para rebaixar o trabalho da mulher, a diferenciação de raça para discriminar o negro, a relação parental para usar o trabalho da criança. No Japão, a família e a empresa formam um sistema de vínculos complexos que implicam sacrifícios e aportes da família para a produção e até a separação do chefe da família para não prejudicar sua carreira, e assume tarefas de cuidado da criança, do chá, das flores para que o homem trabalhe (Hirata, 1986). As construtoras, no Brasil, usam o sistema de acampamentos para formar grupos. A família não é um *locus* isolado da fábrica no sistema capitalista, e hoje está ainda mais articulada a ela através dos meios de comunicação, que a bombardeiam com mensagens consumistas, vendendo felicidade em baús, em prestações mensais, em objetos fabricados — este entra em casa desapropriando o saber cantar, o fazer o pão, o dançar.

Ao mesmo tempo, o trabalho industrial divide a família para incorporar o trabalhador isolado na produção e introduz nova tecnologia com menos mão-de-obra, muda os horários. Transfere-se de local, incorpora novos trabalhadores e despede os velhos, além de controlar salários e preços. O processo de trabalho é complexo e constitui ao mesmo tempo produção, reprodução e representação. Vive-se do trabalho comandado pelo capital, o trabalho abstrato, mas também do trabalho concreto. A "configuração particular do metabolismo homem/natureza, e compreendido desta maneira, não é simplesmente atividade de transformação e de reprodução da vida social, ele é agrupamento, coordenação de atividades múltiplas em uma constelação de relações à vida e ao mundo objetivo e social. O gasto de trabalho na produção implica todo um jogo de percepções e de reações afetivas, de processos de identificação, de afirmações e de negações que faz dele muito mais que um simples dispender físico e nervoso. O trabalho é ao mesmo tempo valorização individual, participação a processos de reconhecimento social, inserção nas correntes de repartição de recursos". (Vincent, 1987: 140). O trabalho é a inserção nas relações de classe, a medição para a articulação de lutas sociais.

O trabalho não é homogêneo no sistema capitalista. Se as empresas modernas tendem, como vimos, à implantação de flexibilidade, produtividade e benefícios para a qualidade do produto, o trabalho do setor concorrencial continua extenso, sem benefícios, sem condições de higiene e de segurança, com baixos salários. Há ainda o trabalho irregular de milhões de pessoas na América Latina, que buscam formas de vida no chamado setor informal, como marreteiros e ambulantes.

Há os sem trabalho, os desempregados, quantidade difícil de dimensionar no Brasil. Em 1981, o Dieese apurou 15,9% de desempregados contra 7,5% do IBGE. Destes, 9,5 em desemprego aberto. Além disso, 11,4% estavam subempregados ou sub-remunerados, totalizando-se 27,3% de desempregados e subempregados. No início dos anos 90, apesar de as estatísticas indicarem 4% de desempregados, a situação do subemprego e do desemprego se manifesta nas ruas através do trabalho ambulante, do trabalho de crianças, da mendicância.

O trabalhador rural está vendo sua situação profundamente transformada com o assalariamento temporário por dia, sendo expulso da terra e periferizado como bóia-fria. Os pequenos proprietários são obrigados a vender sua força de trabalho nos períodos de safra e a cuidar de uma agricultura de subsistência em parte do ano, às vezes em lugares distantes com transporte perigoso em caminhões e a troco de um salário de fome. Muitas vezes produz-se um vaivém entre o campo e a cidade de famílias inteiras, pois o núcleo familiar não dispõe de braços para trabalhar. A família toda às vezes migra, às vezes só um parente que passa a ajudar os outros.

Quando o trabalhador fica desempregado, é sustentado pelo núcleo familiar fundamentalmente. Em pesquisa realizada pelo Seade/Dieese/Unicamp em São Paulo, de 1986 a 1988, o meio único de sobrevivência do desempregado era principalmente outro familiar que trabalha (52,5%). Enquanto 9,7% dependem do trabalho irregular de outro familiar que trabalha, 8,7% dependem de outro familiar que trabalha e de outros meios; 6,9% da ajuda de parentes e de outro familiar que trabalha; 4,9% dependem de ajuda de parentes ou conhecidos como meio único de sobrevivência; 6,0% sobrevivem com trabalho irregular e outros meios; e 11% com outros meios (Chaia, 1988: 17). Mais de 80% dependem de familiares, parentes, conhecidos, integral ou parcialmente. No entanto, quanto mais pobre a família menos ajuda recebe de parentes, sem se ter onde buscar a chamada proteção social ou mesmo proteção pessoal.

Esta tarefa de proteção, no capitalismo, deveria ser assumida pelo Estado por intermédio da seguridade social (inclusive a assistência) com a socialização dos custos de manutenção da força de trabalho incapacitada (Faleiros, 1980). Os gastos sociais do Estado são a forma capitalista de se manter o trabalhador excluído ou incapacitado para as relações formais de trabalho. Essa proteção social, no entanto, tem passado por uma série de vínculos de relação pessoal para ser mantida, assim como a família mantém o desempregado pela existência simultânea de vínculos pessoais e formais com algum trabalho.

No Brasil, o Estado vem adotando uma série de políticas heterogêneas para cada forma de inserção da mão-de-obra nas relações de produção, articulando as políticas com essa realidade concreta, essa formação social diversificada.

Os trabalhadores urbanos e rurais inseridos no mercado formal dispõem agora da seguridade social (nova Constituição) que lhes garante o acesso à aposentadoria, à saúde, à assistência.

Os idosos e deficientes pobres têm a garantia de uma ajuda e, como os demais carentes, os necessitados, os desamparados (art. 5º), devem provar que são pobres para terem direito à assistência. A aposentadoria, no entanto, não é igual para todos (Faleiros, 1989), e uma minoria que se aposenta por tempo de serviço tem melhores rendimentos que a maioria que se aposenta por idade. A população se vê obrigada a recorrer ao auxílio-doença como forma de subsistência.

Não temos no país um Estado de bem-estar social, mas de desproteção social com uma quantidade enorme de programas sociais emergenciais, aleatórios, como de distribuição de alimentos, roupas, auxílios e vagas de internamento em instituições particulares que recebem subvenções do Estado.

A articulação desses vínculos pessoais através das instituições estatais se inscreve numa cultura da dependência do cidadão de alguém que lhe sirva de intermediário para a obtenção de recursos, alguém acima, que tenha recurso ou o poder de consegui-lo. Isto se manifesta na necessidade de se saber de alguém, de se obter um apoio, um padrinho, uma informação, uma dica, um arranjo especial de influências por meio do prestígio, da conversa, da troca de favores, do uso pessoal da autoridade.

Nessa articulação de relações formais e informais, a reprodução da força de trabalho não se reduz a um esquema genérico, abstrato ou mesmo jurídico, mas de formação de uma rede familiar, de serviços, de informação, de amizade e de poderes de influência.

A reprodução da força de trabalho é também a reprodução das pessoas nas suas múltiplas relações. As relações mudam historicamente em novas condições e em novas relações de força, que se articulam em blocos de alianças, em divisões, em pressões e conforme as crises de hegemonia do bloco dominante.

As relações das diferentes camadas de trabalhadores com os patrões e com o Estado vão ser mediatizadas pela sua organização e mobilização, sua identificação como grupo e suas pressões ante a articulação política e econômica do bloco no poder para fazer valer seus interesses no conjunto da sociedade por intermédio do Estado.

A burocracia estatal é que, em grande parte, organiza o processo de tomada de decisões do bloco no poder, com as informações disponíveis, controle de recursos, com o uso da força, além de normatizar o acesso, os trâmites e os procedimentos. O burocratismo é a forma perversa da burocracia para impedir ou imobilizar as reivindicações dos dominados.

O burocratismo, paradoxalmente, não se afirma em regras formais, mas na aparência do preenchimento das regras, na formalidade e não no formal, universal e reconhecido como direito de todos. Ele usa os pequenos poderes para o favorecimento das relações pessoais.

Articulado à formalidade do ato está o arbitrário do uso discricionário da força ou do favor.

Em contrapartida, a garantia do acesso universal nos países liberais é apenas um mínimo para todos, o piso que garante o lugar dos que estão em baixo num patamar articulado por direitos, voto, flexibilidade, negociação, conquistados num movimento complexo de lutas e de prevenção de crises econômicas e conflitos sociais, conforme capítulos anteriores.

A correlação de forças implica a articulação dos vínculos do trabalho e dos vínculos das pessoas, das relações intersubjetivas, para uma dinâmica de formação de uma aliança dos atores sociais em jogo. É preciso uma análise crítica da historicidade dos processos, das condições de trabalho dos atores em presença numa sociedade determinada para se estabelecer estratégias e tática de ação.

No processo até aqui analisado, o Serviço Social se inscreve de forma contraditória na particularidade das relações sociais capitalistas, sustentando, ao mesmo tempo, as necessidades imediatas de reprodução da força de trabalho e principalmente das camadas excluídas da produção. No seu cotidiano de assalariado do Estado ou das empresas ou das instituições, os profissionais de Serviço Social participam, como aqueles a quem atendem, do mundo do trabalho.[1] Seu trabalho, assim, é determinado pelas condições e pelas relações que se dão no capitalismo hoje e que tentamos esquematizar neste capítulo.

Em primeiro lugar, o Serviço Social, ao participar do processo de reprodução da força de trabalho, não pode ser entendido por meio de afirmações genéricas de que "é útil ao capital", mas no processo complexo das relações sociais que aqui analisamos. Essa complexidade implica a articulação das categorias de reprodução da força de trabalho e de sujeito histórico. O capitalismo não destruiu, apenas mudou as relações pessoais na sua dinâmica histórica e de forma diversificada, como vimos, por exemplo, na comparação entre Japão e Brasil.

No processo produtivo interessa ao capitalismo a valorização do capital mediante o uso da força de trabalho como mercadoria, produto de mais-valia, submetendo a pessoa do trabalhador fazendo-a aceitar determinadas condições pelo uso da força, da divisão, da cooptação, de benefícios. O trabalho de controle da produção cabe aos engenheiros, ao chamado hoje *group technology*, que controla o programa de produção, e o domínio das pessoas exige formas materiais e simbólicas de mediação para construir uma personalidade adaptada, capitalisticamente satisfeita, comprometida com o processo da empresa e do sistema, acreditando que pode subir[2] "numa relação entre a vontade humana e a

---

1. Esta proposta está presente em meu texto *Saber profissional e poder institucional*. São Paulo, Cortez; e foi distorcida por Ursula Karsh, em *O Serviço Social na era do serviço*. São Paulo, Cortez, 1987. Para a autora, o fato de considerar fundamental o assalariamento do assistente social lhe parece "um argumento insólito" e, em seguida, afirma que vemos o trabalho do assistente social como "prática complementar, que faz tábula rasa das dimensões multiformes" (da divisão social do trabalho) (p. 144). A autora me parece insólita, pois o assalariamento é que, no capitalismo, é fundamental para a divisão social do trabalho. Além disso, a autora não considerou o conjunto do texto, usando frases isoladas em seus argumentos. A autora de modo algum analisa o conceito de superestrutura e instituição presentes nos meus textos.

2. Há empresas que aumentam os salários dos assistentes sociais que conseguem diminuir custos sem prejudicar a satisfação dos empregados.

estrutura econômica", como diria Gramsci (1971: 99), ao considerar a relação estrutura e superestrutura. Esta articulação se faz por intermédio dos denominados intelectuais orgânicos, cuja tarefa é a de conectar as massas com os interesses do capital e dos capitalistas e organizá-las para isso. Essa conexão significa justamente um conjunto de mediações complexas da estrutura com a superestrutura, da reprodução com a representação do mundo para que haja essa articulação entre o econômico e o político.

As mediações de que aqui falamos, nas relações entre a força de trabalho em suas diferentes inserções no sistema produtivo, implicam a articulação da família com o trabalho, das incapacidades temporárias com a produção, das dificuldades familiares e pessoais entre trabalhadores, e da sua representação da empresa. Esta superestrutura é que constitui o serviço que se institucionaliza em normas, rituais, pré-requisitos, burocracia, contatos, atendimentos, terapias.

As mediações são processos contraditórios. Se, de um lado, como vimos, o capital usa o simbólico para embrulhar a relação de exploração e dar uma embalagem boa à relação de dominação com serviços e consumo em forma de relações pessoais, estas relações não são apenas um imaginário, uma ilusão, mas uma práxis de enfrentamentos que se ampliam ou reduzem na conflitualização das contradições vividas no cotidiano.

Elas se traduzem, especificamente, em mudanças de comportamento individual, em enfraquecimento de organizações, em desmobilizações, em enfraquecimento das lutas, em influências no modo de pensar o capitalismo e aceitá-lo e na socialização da força de trabalho. As teorias sociais funcionalistas abordam com precisão a eficácia desses mecanismos.

As mediações estatais são ainda mais complexas, já que os trabalhadores e desempregados devem dirigir suas lutas em várias frentes simultâneas, incluindo tanto a empresa como o Estado e a religião, mas com adversários e aliados conforme as questões em jogo e que é preciso identificar em cada luta.

Nessas mediações de caráter predominantemente político e ideológico,[3] com efeito, há várias estratégias e táticas disponíveis que se articulam para manter o processo de dominação de forma aceitável por parte dos dominados, abrindo-se espaços para a negociação, as concessões ou a repressão de acordo com a correlação de forças em presença e a crise e divisões do bloco no poder.

As mediações do Serviço Social situam-se, pois, nesse feixe de relações, com maior ou menor flexibilidade nas diferentes organizações ou instituições em que se faz presente. Assim, sofrerá pressões mais ou menos fortes para inserir-se nas formas clientelistas e burocráticas aqui analisadas de acordo com as forças em presença, nas quais estão incluídas sua capacidade de formular propostas, estabelecer estratégias e táticas de constituir alianças.

Seria ingênuo afirmar que o Serviço Social profissional goza de autonomia, mas seria mecânico e esclerosado dizer que não tem iniciativa de ação, que não tem nenhuma capacidade de articulação, sendo títere do capital ou dos trabalhadores para alguns, que pensam mecanicamente a realidade, apenas em termos de inversão de um lado para outro.

Em nosso trabalho sobre o Espaço Institucional e Espaço Profissional (Faleiros, 1985), analisamos as diferentes instituições e condições de trabalho dos assistentes sociais.

Em relação ao ângulo aqui abordado, que vem complementar o já acima citado, é necessário ver em que setores estatais se atribuem recursos para a reprodução da força de trabalho como a Previdência Social, e há uma série de benefícios que aparentemente seriam automáticos, mas que se articulam com tramitações, informações, vinculadas ao sujeito concreto.

Para ter acesso a essas políticas é preciso que haja um sujeito de direitos à Previdência, o que implica contribuições e

---

3. Não pretendemos aqui analisar o papel do Estado na economia enquanto empresário produtivo.

prestações estabelecidas com a força definida em lei. O uso da lei é um processo complexo. Este é o exercício cotidiano da cidadania, ou seja, a articulação do acesso ao direito com a decisão de exigi-lo e de participar das decisões que definem esses direitos.

O Serviço Social poderá reduzir-se, aí, a um mero agente burocrático na era dos serviços, como também poderá ampliar alternativas de ação para a defesa da cidadania. A força de trabalho tem seus limites e suas compensações por meio de uma garantia social definida pela força do direito que precisa ser exigido para não ser recuado, que implica ação consciente dos sujeitos historicamente constituídos na representação de si mesmos e do outro, de si e dos adversários. Essa mediação política global do sujeito diante do Estado por meio dos profissionais e burocratas tem ainda outras determinações específicas como questões psicossociais de nível individual e familiar, que afetam a pessoa e a própria valorização da força de trabalho.

O trabalhador que dispõe da força de trabalho também é uma força social e política que precisa se fortalecer para realizar-se. Este fortalecimento implica estabelecer ações de conjunto, estratégias e táticas entre pessoas-sujeitos e organizações para que se produzam efeitos de exigência de direitos, ruptura de laços de opressão e dominação no cotidiano, desenvolvimento da esfera da compreensão e da identidade pessoal no seu relacionamento. Deste modo é que os problemas vão aparecer em novas dimensões para serem enfrentados, mudando-se a metodologia banal de se responder a problemas com recursos preestabelecidos, de se controlar o comportamento com regras impostas, de se contentar a necessidade com argumentos postergatórios ou de escuta aliviadora. O uso de recursos serve para mobilizar energias, o uso de regras para a discussão da autonomia, o uso do diálogo para ampliar a comunicabilidade, a interação, a organização e a mobilização dos sujeitos-pessoas.

É claro que é mais fácil administrar recursos, fazer cumprir as regras e acomodar-se na entrevista. A hegemonia dominante espera isso.

Romper com a ideologia da neutralidade e mostrar o comprometimento das ações sociais foi a principal questão posta pelo movimento de reconceituação, o que é, hoje, mais atual que nunca, pois a análise da relação entre estrutura e superestrutura, entre a reprodução da força de trabalho e sua articulação como força social se faz mais consciente ao nível do Serviço Social.

Diante das camadas mais exploradas da classe trabalhadora, a atuação do Estado aparece simbolicamente salvadora, como vimos, justamente pelo isolamento em que se encontram, pela miséria a que são submetidas, fragmentando-se a ação do Serviço Social em múltiplas atividades que vão desde o assistencialismo de migalha até a organização de um sistema de acesso e pronto atendimento familiar, em face da política clientelista de assistência social.

Urge que se aplique a lei orgânica de assistência baseada no critério do atendimento às necessidades sociais e o acesso ao Serviço Social como direito do cidadão. Pobre é estigmatizado como preguiçoso. Se for negro, é considerado perigoso. Se for mulher, é suspeita. A mudança do atendimento a estas camadas implica, pois, a luta conjunta e articulada por novas políticas, por organizações de pressão, por recursos, por transformação da identidade social, com mediações também inovadoras exigidas pelas próprias forças que são desenvolvidas nos processos produtivos e por sua participação política. Se a modernização da agricultura está liberando trabalhadores rurais transformando-os em sem-terra, estes têm hoje uma identidade dos que não têm uma presença política e uma interlocução social.

Trabalhar os conflitos gerados nas contradições em processo é mais complicado do que aceitar as acomodações exigidas pela hegemonia do capital ou pelas grandes explicações de utilidade do Serviço Social no processo produtivo. Uma compreensão profunda das relações entre sujeito e força de trabalho, entre estrutura e superestrutura, entre o papel das condições sociais e da vontade coletiva articulada é que poderá mudar até mesmo as formas de inserção do Serviço Social como força de trabalho no sistema de produção, como organização, como identidade.

Nossa crise eterna de identidade profissional exige mais crítica, mais complexidade, mais comprometimento com as forças sociais de mudança para uma solução política dessa crise que não depende de metodologias, tecnocracias e burocratismo. Depende da construção teórico/prática de uma compreensão e de uma ação nas relações complexas do capitalismo de hoje.

Capítulo 9

Confrontos teóricos do movimento de reconceituação do Serviço Social na América Latina*

Não me parece fácil analisar o movimento de reconceituação do Serviço Social na América Latina. Não só pela extensão e diversidade da área geográfica abrangida, da complexidade do processo histórico em que se desenvolveu, mas também em razão de seu significado político e teórico.

Ao enfrentar essa dificuldade estou consciente de que algumas dimensões não serão devidamente analisadas e incluídas. É fundamental situar os países latino-americanos dos anos 60 a 80, nas relações de dominação-dependência dos Estados Unidos, principalmente no processo de mobilização popular/reforma e autoritarismo político que marcaram estas duas décadas. À mobilização

---

* Versão revista e ampliada de palestra proferida na PUC-SP em 8 ago. 1986 por ocasião da Semana de Depoimentos da História do Serviço Social, promovida pelo Curso de Doutorado em Serviço Social. O tema foi também abordado na comemoração dos 50 anos de criação do Curso de Serviço Social da UFRJ em 30 jan. 1987. Publicado originalmente em *Serviço Social & Sociedade*. São Paulo, VIII (24): 49-69, ago. 1987.

pela mudança de relações através de movimentos sociais, as classes dominantes ou suas frações hegemônicas respondiam seja com projeto de reformas seja com a repressão, articulando uns e outros em função das ameaças reais ou percebidas.

Nessa dinâmica, as políticas internas se entrosam com as relações externas de dependência/dominação dos Estados Unidos. A hegemonia americana no continente é o ponto-chave de desafio histórico dos movimentos sociais e o limite de manutenção das próprias classes dominantes internas. Esse limite não se coloca de forma estanque e rígida, mas amplia-se ou se retrai diante dos interesses econômicos em jogo e das concessões políticas possíveis.

Assim, as pressões da sociedade por mudanças levaram-nos a questionar a propriedade da terra, a internacionalização da economia, a dívida externa, os mecanismos de dominação do Estado. O próprio imperialismo mudou sua forma de dominação, priorizando os mecanismos financeiros e tecnológicos em detrimento da propriedade direta de empresas.

Os Estados nacionais, por sua vez, impulsionaram reformas sob a égide do desenvolvimento, do crescimento e da modernização ou de um programa minimamente redistributivista de terras, renda e com um discurso participativo. O governo democrata-cristão de Eduardo Frei no Chile é típico da ação desenvolvimentista e reformista. Velasco Alvarado no Peru, Frondisi na Argentina, João Goulart no Brasil e Perez na Venezuela tentaram essa via de aglutinação de massas em torno de mudanças parciais.

Quando o processo de mudança abria espaços que forçavam o limite da hegemonia acima indicada, a repressão armada impunha-se por meio dos golpes de Estado: Argentina, Brasil, Bolívia, Chile, Uruguai, Equador, Peru tiveram governos militares de direita dizimando as lideranças populares e contendo, pela força bruta, qualquer contestação, principalmente armada. Esta via parecia viável após a revolução cubana de 1960, que sacudiu o continente e abriu novas esperanças de libertação. Grupos guerrilheiros marxistas ou não, com marxistas e cristãos atuando conjuntamente nos países acima citados, além da Colômbia com Camilo Torres e o Movimento M-19. Na Bolívia esteve o próprio

Che Guevara. No Brasil formaram-se vários e segmentados grupos guerrilheiros. Na Argentina predominaram os Montoneros, no Uruguai os Tupamaros, todos militarmente derrotados. Politicamente, no entanto, os movimentos sociais de novo se rearticularam na clandestinidade, alguns apoiados por setores cristãos progressistas que chegaram a elaborar uma teologia da libertação diante do quadro de miséria e fome que praticamente não foi alterado nesses últimos 25 anos.

A distribuição de renda se concentrou ainda mais, a renda *per capita* pouco se alterou, caindo acentuadamente no período de 1980 a 1984, e a dívida externa tem exaurido as reservas nacionais, apesar da modernização e da industrialização de países como o Brasil, a Argentina e o México.

É nessa conjuntura que é preciso situar o movimento de reconceituação, não como um projeto isolado e vanguardista, mas como um processo vivo e contraditório de mudanças no interior do Serviço Social latino-americano. A ruptura com o Serviço Social tradicional se inscreve na dinâmica de rompimento das amarras imperialistas, de luta pela libertação nacional e de transformações da estrutura capitalista excludente, concentradora, exploradora.

Esse movimento reflete as contradições e confrontos das lutas sociais onde embatem tendências de conciliação e de reforma com outras de transformação da ordem vigente no bojo do processo revolucionário, e ainda com outras, que visam apenas modernizar e minimizar a dominação. O documento de Araxá, por exemplo, situa-se nesta última perspectiva, enquanto propostas de Serviço Social do Chile de Allende têm caráter político revolucionário. Não podemos, no entanto, tomar as posições rigidamente e de forma estanque num momento determinado. Pretendo mostrar justamente o confronto, a cartografia do conflito que ainda hoje perpassa a profissão, como a própria sociedade.

Metodologia

Vou concentrar a análise do conflito de posições relativas ao Serviço Social tendo sempre implícitos as lutas de classes e golpes de Estado na realidade latino-americana.

A análise em questão terá quatro dimensões específicas de referência: a tendência político-ideológica mais geral em que pode ser situado um autor ou proposta, a teoria do conhecimento explícita ou implícita nesta proposta, a operacionalização ou o projeto de prática e a definição do objeto e objetivos do Serviço Social.

Para isso retomei os textos publicados mais difundidos nesses 25 anos, tanto pela Editora ECRO, de Buenos Aires, como pelo CELATS, de Lima, com a contribuição das editoras Cortez, de São Paulo (Brasil), e Humanitas (de Buenos Aires). Os textos a que me refiro são usualmente tomados como instrumentos de ensino nas escolas ou faculdades.

A reconceituação: visões

Existem vários estudos sobre a reconceituação de determinados autores desse movimento. Já em 1975 (Alayón *et alii*, 1975) a editora Humanitas publicou um texto de depoimentos cuja tônica, com raras exceções, é considerar a mudança do Serviço Social restrita ao meio acadêmico sem vínculo com as instituições. O livro de Diego Palma (1977), ao contrário, ressalta o surgimento da reconceituação nos países onde os movimentos sociais estão mais presentes e ativos, destacando ainda a grande variedade de tendências já em meados da década de 70. O livro, no entanto, não diferencia nem agrupa as propostas, mas se direciona para uma espécie de sociologia da reconceituação. É interessante notar a preocupação do autor em vincular marxismo e reconceituação. Com efeito, não se pode falar de reconceituação do Serviço Social na América Latina sem referência ao marxismo e às divergências internas dos próprios marxistas.

Ezequiel Ander-Egg (1984) reconhece o caráter marxista da reconceituação, mas no sentido de satirizá-lo e pichá-lo de rígido, incoerente, desvinculado da prática e portanto de teoricista e verbalista, cheio de "achaques e manias". Aliás, ele termina por decretar o fim do movimento (1982: 12), voltando a propor o esquema do planejamento como guia metodológico da profissão, ao qual, pelas suas publicações (agora em obras completas (*sic!*)), nunca deixou de aderir. Os seis textos incluídos em *Achaques e manias* são mais um desabafo que uma análise científica. Em Montevidéu, em 1970, a turma da geração de 64 foi substituída em plenária por um grupo mais jovem e progressista para conduzir os trabalhos. O Instituto de Solidariedade Internacional (ISI), que financiava o evento, sofreu um abalo sísmico e a brecha se abriu, articulando-se novas forças que liberaram, posteriormente, o CELATS com o guarda-chuva da ALAESS. Criou-se um conflito entre os grupos ECRO e CELATS em termos políticos e ideológicos, ficando com o último os grupos mais progressistas, embora há que se reconhecer o apoio da editora ECRO a todos os trabalhos marxistas. Esta casa acabou sendo perseguida e fechada pela ditadura argentina.

O trabalho de Josefa Batista Lopes (1979) opõe funcionalismo e dialética na análise do objeto do Serviço Social, sem contudo diferenciar as questões específicas, os debates e as propostas do pensamento dialético, já que adota a metodologia dos "modelos" de ação, isto é, o agrupamento de um conjunto de itens (1979: 36) de posições semelhantes ou diferentes.

Esta construção sistemática, por itens, é, no entanto, mais articulada teórica e metodologicamente que as exposições de Barreix (Ander-Egg, 1975) e Boris Lima (1974) a respeito da história do Serviço Social, que têm como base uma seqüência evolutiva linear. Barreix parte do princípio que houve uma mudança do "ajustamento" para a "transformação" por meio da análise de três concepções: a assistencial, a tecnocrática, do Serviço Social, e a conscientizadora, de Trabalho Social. O Serviço Social nasceu, segundo o autor, com a criação de Escolas (1925) no setor, e o Trabalho Social é a recusa do tradicional, pois "o que tinha sido importado está morrendo e entretanto nasce algo propriamente nosso" (Ander-Egg, 1975: 200). A reconceituação é vista como ruptura do tradicional, como crise, mas sob o ângulo do "nosso" *versus* o "deles", do latino-americano em oposição ao norte-americano tradicional, enfim, sob o ângulo da modernização.

Em vez da oposição tradicional-progressista, Boris Lima (1974) enfatiza a polarização técnica-ciência, discorrendo sobre quatro fases do Serviço Social: a pré-técnica, a técnica, a pré-científica e a científica. Estas fases se caracterizam pelo tipo de conhecimento predominante na profissão, conforme a utilização de instrumentos ou desenvolvimento de generalizações. Ao movimento de reconceituação corresponderia uma etapa "científica", racional.

Esta classificação levanta um dos problemas centrais do movimento de reconceituação que o diferencia, por exemplo, das preocupações predominantes nos anos 60: a construção de conhecimentos por meio do Serviço Social e não apenas o uso de técnicas mais ou menos sofisticadas, como o planejamento. Esta construção de conhecimentos válidos, no movimento de reconceituação, não significa apenas o seguimento de uma lógica hipotético-dedutiva como a defendida por Boris Lima e inspirada em P. V. Kopnin (1978: 229), que chega a afirmar que "a reunião de fatos é a mais importante parte componente da investigação científica", numa clara adoção do positivismo, sob a denominação de dialética. Kopnin, que inspirou alguns formuladores do movimento de reconceituação (ver, além de Boris Lima, o método BH), formula um ponto de vista positivista, sob a denominação de dialética, confundindo a análise marxista. Ele chega a dizer que a "fundamentação da origem *experimental* das idéias constitui momento essencial na concepção *marxista* da idéia" (idem: 315).

Nossa exposição visa superar essas dicotomias abstratas entre tradicional e moderno, importado e autóctone, assistencial e transformador, técnico e político, tecnológico e científico, prático e teórico, funcionalista e dialético, acadêmico e institucional que caracterizaram a análise do movimento de reconceituação. Por isso, não formulo outro par de oposições, mas parto de uma *relação* presente e dominante em toda a dinâmica do movimento. Trata-se da relação sujeito-estrutura, que aliás perpassa também o debate marxista. Sujeito e estrutura são vistos *em relação* e não como pólos excludentes. Na proposta liberal clássica produz-se a exclusão, pois o indivíduo é o ponto de partida da sociedade. Essa dicotomia se manifesta também em Louis Althusser, que parte do "período dado" da estrutura, e para quem o "sujeito é uma ilusão", uma construção imaginária das relações imediatas entre os homens, que só *aparecem* como sujeitos de articulações estruturais determinantes. Já na perspectiva do humanismo cristão, o homem é visto como sujeito da história ou assim deve tornar-se pela sua ação e reflexão nas relações imediatas, com outros homens, modificando com sua ação as *situações* ou os *comportamentos* de pessoas ou grupos pelo sentido que lhes dá.

A seguir, vamos analisar cada uma das propostas que mais influenciaram o debate sobre o Serviço Social na América Latina, confrontando-as conforme sua relação com a questão geral do sujeito e da estrutura e conforme as dimensões enunciadas anteriormente.

A crise do indivíduo-ator

A crítica que certos autores do movimento de reconceituação (Faleiros, 1972) fizeram ao Serviço Social Tradicional focalizou a questão da neutralidade do conhecimento, da *integração* do indivíduo ao sistema, como objetivo do *assistencialismo* como objeto, e do *idealismo* liberal como ideologia.

Esta crítica visava destruir a idéia de que se poderia corrigir situações disfuncionais aos indivíduos, adaptando-os às normas sociais vigentes por meio da interação positiva entre assistente social e cliente e do uso de determinados recursos ambientais. Nesta visão positivista os fenômenos da *disfunção* diferem da *normalidade* pela intensidade em que ocorrem, parafraseando a análise que Georges Canguilhem (1978: 29) faz da doença em relação à saúde na concepção de Augusto Comte. A "correção do problema" consiste então em se fazer uma modificação bem definida numa ou em várias dimensões para "levar o indivíduo a uma vida normal", pois para Northern (1974: 14) o "Serviço Social tem como principal interesse o indivíduo (*sic!*) em suas relações interpessoais" para "ajudar as pessoas a interagirem melhor umas com as outras", para que "*cada indivíduo* possa viver de maneira que seja tanto pessoalmente satisfatória como *socialmente desejável*".

Esta combinação entre a insatisfação *existente* e o socialmente *desejável* se traduz na prática do Serviço Social pela adaptação do indivíduo-problema ao socialmente *valorizado*. Um desses meios é a *colocação no trabalho*, como fez Mary Richmond (1962: 44) com a senhora Clara Vansca. O trabalho é considerado a norma, o desejável, o útil, o necessário no mercado capitalista sob a ótica liberal. O Serviço Social atua para o mercado, para a sobrevivência do "fraco" nessa competição pela vida. O apoio, o recurso, a motivação, o esforço são os meios de se produzir a auto-ajuda (*self-help*) na promoção do indivíduo-sujeito. Ele é sujeito no mercado. Caso não tenha condições de competir, é ele que precisa compreender a situação e tornar-se satisfeito com o que tem e com o que se tem para ele.

Nessa perspectiva postula-se que os indivíduos se mobilizam e melhoram suas condições pelo próprio esforço.

Postula-se também, quanto ao conhecimento, que o ator profissional é externo à situação, analisando, com isenção, a insatisfação ou problema do cliente, a situação e o desejável como se houvesse um desejável sem desejante, um problema sem problematização e uma situação sem contexto. Esta visão foi criticada teórica e praticamente pelo movimento de reconceituação. E as resistências à crítica vieram de toda parte, classificando-se autores do movimento de "papagaios intelectuais" in Alayón, Norberto *et alii* (1975: 279), academicistas e desvinculados da prática (*idem*: 137). Também houve quem visse no movimento a possibilidade de sacudir a letargia da profissão (*idem*: 46) e de abertura de novas perspectivas.

A crítica da reconceituação aos postulados liberais da ação e aos princípios positivistas do conhecimento se articulava a um combate à ordem capitalista, à exploração do homem, ao imperialismo norte-americano, no processo de lutas pela transformação das sociedades latino-americanas.

Às mobilizações pelas reformas sociais dos anos 60 da América Latina, o imperialismo respondeu com as visitas de Rockefeller, com a Aliança para o Progresso. As classes dominantes internas rearticularam a intervenção do Estado na sociedade e no mercado (já nos anos 30 assim o fizeram) por meio de políticas sociais de assistência, seguro social e financiamentos de bens populares e de repressão policial.

A Igreja Católica apóia as "correções" no capitalismo para moderar tanto as ganâncias dos patrões como as insatisfações operárias. Esta visão, no entanto, tem a vantagem de reconhecer a existência de classes sociais, de interesses divergentes, mas em contrapartida devem ser *"harmonizados"* pela boa vontade de cada lado e pela mediação do Estado. O mercado e a ajuda temporária não são mais suficientes para se garantir a ordem social e a sobrevivência individual.

A situação-problema em vez do indivíduo-problema

As contrapropostas ao movimento de reconceituação também se rearticulam, por um lado, na defesa da intervenção estatal por meio do planejamento e, por outro, através dos modelos de ação e reflexão dos sujeitos para mudar *situações* socialmente incômodas. Em vez de se considerar o indivíduo insatisfeito, passa-se a ver a situação-problema (Dantas, 1970). Esse câmbio de orientação não é casual, pois corresponde a uma estratégia de modernização tecnocrática (que alguns confundiram com a reconceituação), colocando modernização e crítica/transformação no mesmo saco.

A modernização tecnocrática do Serviço Social está representada pelos defensores do planejamento (Lopez, 1973; Cornely, 1976), da eficiência empresarial, da racionalidade do diagnóstico, previsão, ação, avaliação, como se a realidade correspondesse ao estudo e à execução ao plano. Cornely assinala que "a comunidade local devidamente desperta para seus problemas motivar-se-á para a busca racional das soluções dos mesmos, e, dessa forma, será elemento da mais alta valia para a implantação dos planos, para a implementação de suas metas e para a continuidade do processo de planejamento" (1976: 121).

A situação-problema como objeto reduz a intervenção à questão isolada, tendo-se em conta os recursos e as circunstâncias do meio através da mediação do plano. O plano amortece os choques entre as reivindicações estudadas e diagnosticadas e os recursos disponíveis para serem aplicados por meio do plano.

O sujeito é reduzido a um "agente de mudança" das circunstâncias possíveis e passíveis de recursos previstos pelo Estado. O documento de Araxá (1964) reflete o pensamento dessa "fina flor" da tecnocracia, pois reúne os assistentes sociais que haviam deixado de trabalhar nas obras sociais, nos morros, nas favelas, nas fábricas, nos círculos operários e passaram a ocupar postos e cargos na administração estatal.

O plano da tecnocracia reduz os sujeitos a atores de uma lógica construída, bem distinta das "forças naturais" do mercado, para controlar as ações por meio do consenso racional do plano: o real é reduzido ao racional e a ação é iluminada pelo diagnóstico em nome da ciência que conhece. A ação é lógica, passo a passo na "guerra contra a miséria" (vide guerra contra a pobreza de Lincoln Jonhson), contra os mosquitos, contra as favelas (planos habitacionais), como na estratégia militar.

Esta postura contribui ao esvaziamento da questão da transformação das condições gerais da exploração denunciada pelos marxistas da reconceituação.

A participação em vez da solução de problema

Ao mesmo tempo há os que, levando em conta a mobilização social pelas reformas dos anos 60 e 70, voltam-se para a "participação do sujeito", para seu *lado ativo* sob diferentes ângulos. Esse lado ativo da *participação* pode tornar o plano mais *aceitável* e até *negociável* dentro de certos limites que não ponham em xeque as relações estruturais de dominação.

A questão da participação popular é a vertente ativa da proposta de plano. O plano não é mais visto como imposto, mas participado. Até hoje esta tese é colocada com certa ênfase (Tobon *et alii*, 1986), tomando por objeto do Serviço Social justamente a "responsabilidade" pelo sucesso do plano. Quando esse plano é o trabalho sobre sua existência, deve ser "visto, julgado e trabalhado" (Método da Ação Católica) para se mudar o vivido.

Anna Augusta de Almeida (1975: 50) propõe como Teoria do Serviço Social "ordenar um encadeamento retrospectivo entre os fenômenos, a ação social e/ou trabalho social e comportamento humano" a partir da análise onde se identifique especialmente o fenômeno "participação social" em diversos níveis de interação social. Nesse projeto há que se identificar "os líderes" que levam à opressão daqueles que levam à "liberdade".

Nessa proposta perpassa uma postura ética que visa "dar um sentido" à vida. Os militantes da ação católica levaram esta vertente humanista à prática da ação militante bem definida por L. J. Lebret. Em *Princípios para ação* (1958), esse autor lembra a "inserção no plano de Deus" para "elevar o homem", já que a "neutralidade é traição" para ir "às causas da miséria", a fim de "valorizar o homem", mas de forma técnica na ação, tendo em conta o homem concreto de seu tempo que vive sem pão e teto (p. 49).

Esta historicização da intervenção nos bairros e favelas levou à proposta de se "alfabetizar", construir casas por mutirão, fazer cooperativas e até fazendas comunitárias, como, por exemplo, a Promoção do Homem do Campo, de Sergipe (PRHOCASE, 1978); o Serviço de Assistência Rural-SAR, do Rio Grande do Norte (Queiroz, 1984). Já em 1968 a Igreja Latino-Americana definia, em Medellín, a Teologia da Libertação.

Esta questão não poderia deixar de se manifestar no Serviço Social profundamente vinculado às origens católicas. No Congresso de Teresópolis (CBCISS-1971) há uma nítida influência de Lebret no relatório do Grupo A que enfatiza a questão das necessidades humanas, ainda numa visão dualista de subdesenvolvimento-desenvolvimento, mas dentro da preocupação do contexto latino-americano. No grupo B houve uma relativização do chamado método científico ao se constatar que a questão do objeto estava em aberto (p. 203) e que as fases do método são "predominantemente" de conhecimento e de ação, por aproximações sucessivas (p. 203) e não exclusivas. No entanto, predomina, na proposta, uma visão positivista da intervenção ao isolar os problemas para descrevê-los, enumerá-los e identificar recursos para resolvê-los (p. 205).

O popular em vez do "co-operar"

A proposta cientificista para o Serviço Social se casa com esta visão humanista. A crise do assistencialismo e da imagem benfeitora paternalista e moralista do profissional advém do processo de mobilização social e da construção de novas mediações tecnocráticas pelo próprio Estado. A busca de um conhecimento científico na profissão relaciona-se também com a inserção dos cursos de Serviço Social no contexto das universidades, em confronto e contato com diversas áreas do saber, deixando de se constituir em escolas isoladas de freiras. Além disso o progresso tecnológico influenciou todas as áreas do conhecimento.

A visão humanista e militante, por seu lado, não se constituiu num bloco uniforme. A utilização de escolas radiofônicas (Wanderley, 1984) pelo Movimento de Educação de Base (MEB), de folhetos, cartilhas, valorizando não o *indivíduo* mas o *povo, o popular* volta-se para o coletivo, para a *co-operação* entre os atores que assim se tornam protagonistas por meio das organizações existentes como sindicatos, cooperativas e associações. Na cartilha do MEB, "Viver é Lutar", fica explícito que "só povo organizado participa do Governo, pois povo organizado é força".

Essa tendência se desdobra em experiências de campo, onde o *co-operar* como objeto implica compreender não só o problema, mas sua história de conjunto, nas relações sociais de opressão, surgindo uma "pedagogia do oprimido" (Freire, 1986) a partir da politização do cotidiano. Nessa perspectiva, não se trata apenas de se descobrir o significado da própria existência num mundo problemático (Almeida, 1975), mas de mudar o mundo. Mudando-se os sujeitos coletivamente pela conscientização, pela organização e produção de uma nova cultura que os torne protagonistas da história. A história é objeto da ação e compreendida por meio da relação com o vivido no dia-a-dia, e não por dogmas ou idéias gerais.

Esta pedagogia influenciou profundamente o Serviço Social reconceituado que, como veremos, buscou retomar a questão da transformação do sujeito e do mundo. Nessa perspectiva não é o *problema* o foco principal da ação, mas o *agente* passa a ser o referente da mudança para a passagem de submisso a protagonista, de ingênuo a crítico, de alienado a consciente, de isolado a organizado (Freire, 1986; Gallardo, 1974; Kisnermann, 1978).

Alguns autores, por outro lado, fizeram um discurso de fé no povo, na ação dos agentes, chamando de revolução as mudanças dos sujeitos no sentido da participação, mas adotaram as mesmas mediações práticas do processo tecnocrático, ou seja, a lógica do planejamento, criando-se uma dicotomia entre os objetivos propostos e os métodos adotados (Kisnermann, 1978). A reconceituação dos objetivos não se coordenava com a proposta metodológica marcada pela investigação do problema e busca de recursos institucionais, caindo-se no idealismo ou numa espécie de bons propósitos, mas sem se mudar e se ter em conta as condições reais de trabalho no capitalismo. No momento de se operacionalizar usavam-se as mesmas técnicas, pesquisas, formulários propostos pelos tecnocratas, levando até a descrença nos objetivos enunciados. A revolução dos sujeitos é separada da estrutura, e Ander-Egg (1975: 210) confunde revolução com evolução através da ascensão humana por fases, fazendo com que o homem seja responsável por esta evolução.

Muitos profissionais passaram a descrer da reconceituação em vista desta dicotomia entre discurso revolucionário e prática modernizadora. Se por um lado houve um processo de se superar esta proposta com uma nova prática política do sujeito profissional, houve ainda tentativas ecléticas de se vincular planejamento e mudanças, e propostas de, mediante a ação dos sujeitos, mudar a estrutura. Estas três correntes correspondem às teses de Manoel Zabala, Boris Lima e Angélica Gallardo, e do Método de Belo Horizonte, que a seguir detalharemos.

O militantismo no lugar do método

Em contraposição à tese da participação ativa e à metodologia do planejamento pela solução de situações-problema, Zabala (1974: 28) propõe a abolição de toda metodologia, pois para ele "o trabalhador social não precisa ser epistemólogo, não precisa compreender metodologia, o trabalhador social é o transformador, tem que ser ele mesmo metodologia, conhecer na ação". Nesse caso, a ênfase é dada no *profissional* militante, ativo, cujo postulado primeiro é viver ouvindo o povo, sentindo o povo para *depois* raciocinar, formular juízos. Procurava se romper com o tecnocratismo por meio do ativismo, traduzindo erroneamente na prática a proposta marxista de se relacionar o conhecimento sensível com o racional.

Esse marxismo ainda não foi suficientemente analisado na reconceituação, mas traduz o militantismo de grupos de esquerda que se embrenharam até na luta guerrilheira a partir da estratégia de mobilização dos trabalhadores rurais e criação de focos guerrilheiros. O foquismo supunha o desenvolvimento de um grupo de sujeitos que incendiaria o resto da massa na medida em que mais próximo estivesse dela pelo jeito de vestir, de trabalhar, de comer. Para isso, os intelectuais deveriam perder seu caráter pequeno-burguês e tornarem-se camponeses ou operários (Exemplo em Souza.) Nota-se a presença das teses de Mao Tsé-tung.

A crença no foco exigia que o profissional se transformasse em militante. Além de Manoel Zabala, Herman Zabala e Juan Mojica defenderam esta proposta, que também recebeu a influência de Piaget no sentido de se fazer uma pedagogia progressiva com o povo, como a criança se desenvolve (ver Manizoles). No Chile, Zabala e Mojica, com quem tive troca de conhecimentos, levaram discussões e influenciaram experiências nesta linha.

A receita eclética

Boris Lima (1974) e Maria Angélica Gallardo (1974), por sua vez, elaboram uma proposta extremamente eclética tentando vincular o processo de planejamento (diagnóstico, plano, programa, execução, avaliação) ao método de conhecimento inspirado em Mao/Zabala (sensitivo-racional), mas com os objetivos retirados do projeto da Escuela de Trabajo Social de Valparaiso. Também possuem marcas das teses de Kopnin e Paulo Freire.

Estas propostas possibilitaram aglutinar as concepções presentes num momento da profissão, mas não rompem com o formalismo da tecnocracia e não dão uma alternativa ao trabalho institucional. Maria Angélica Gallardo mistura o processo de planejamento com o método de Paulo Freire (investigação temática, palavras-chave, decodificação, problematização, dialogicidade, conscientização, mobilização). Essa dinâmica da problematização e do diálogo (Faleiros, 1986) fica aprisionada no linearismo do processo tecnocrático.

As contribuições dessas sistematizações foram no sentido de aproximar o profissional da população, de seus interesses reais, enquanto oprimidos. A categoria de oprimidos no entanto ainda era bastante confusa, não profundamente definida e compreendendo situações muito diversas.

Totalidade e história

Na proposta do chamado "Método BH" (Santos, 1982) retoma-se a passagem do conhecimento sensível ao racional e da descoberta da verdade por meio da prática. A prática é a fonte e o critério de verdade da teoria. A prática (onde se situa a maioria dos assistentes sociais) parecia tornar-se o ponto máximo do processo da verdade e da ação. Esta prática real era, ao mesmo tempo, a prática do pensamento que refletia o real (Santos, 1982: 29), dividido em diversos níveis estruturais, e os objetivos da profissão resultam da realidade, retomando-se o proposto projeto da Escola de Trabalho Social de Valparaíso quanto à conscientização, organização e acrescentando-se a capacitação.

A preocupação do "Método BH" era, por meio da prática, atingir o global, através de um enfoque *totalizante* para a organização da população. Retoma-se o processo de planejamento mas com vistas à transformação global. O enfrentamento da estrutura se faz por meio de sujeitos na prática, confundindo-se, por influência althusseriana, a prática concreta e a prática teórica. A relação entre sujeito e estrutura seria direta no contato com as populações. Na prática, no entanto, os próprios executores se deram conta da *generalidade* (Santos, 1982: 101) dos conceitos diante das situações concretas. Esta generalidade permite considerar o desenvolvimento global do capitalismo, mas aplicada mecanicamente não revela, na verdade, o real. O mecanicismo marcou alguns grupos ou setores e já foi criticado pelos próprios autores do "Método BH" (Santos, 1982: 107-50). A preocupação com a visão totalizante, no entanto, fecundou análises estruturais, que serão apresentadas após uma referência à proposta da Escola de Trabalho Social de Valparaíso, à qual tive a honra de contribuir.

O projeto da Escola de Trabalho Social da Universidade Católica de Valparaíso (Palma, 1981) surgiu no contexto das lutas políticas do Chile logo após a eleição do governo da Unidade Popular (UP), dirigida por Salvador Allende (1970-1973). Já no final do governo de Eduardo Frei, as reformas parciais haviam-se esgotado nos limites do bloco burguês, que, por sua vez, se divide, possibilitando a vitória da UP.

Ao chegar a Valparaíso (Faleiros, 1980), já havia encontrado um movimento estudantil forte, uma politização da Universidade e da sociedade que chegaram a paralisar a antiga escola de Serviço Social.

Após um estudo intenso do funcionalismo e do marxismo, e da sociedade chilena, é que se formula o projeto da Escola. Ao se falar de homem oprimido (embora de uma forma ainda não muito explícita), fala-se de uma relação social histórica, ao mesmo tempo condicionada pela dominação imperialista e pelas relações internas de classes no capitalismo periférico. Os oprimidos são camponeses (trabalhadores rurais), operários e moradores da periferia urbana que se organizam em associações, sindicatos, partidos, movimentos para lutar contra a opressão. São as forças sociais que avançam e recuam em correlações políticas e ideológicas que fazem com que o próprio conhecimento se transforme na luta (Faleiros, 1986). No projeto original fica ainda uma certa dicotomia entre o conhecimento sensível e o conhecimento racional, embora se reconheça a relação entre as partes e o todo, pois "o ponto de partida da prática liberadora pode ser qualquer um, como o fenomênico, o unilateral, o pobre, o aparente, até se chegar a descobrir o essencial, o multilateral, o rico, o que dá unidade às várias facetas do todo. É assim que aparecem combinados no processo os aspectos sensível e racional do conhecimento" (Palma, 1981: 58).

As teorias do conhecimento eram consideradas em sua autonomia com um caráter heurístico (*idem*, p. 59), mas ainda a prática era vista como ponto de partida e de verificação, notando-se certo empirismo e inconsistência na formulação do problema. A relação da teoria com a prática se desdobra na própria luta de classes, o que vim a explicitar melhor posteriormente (Faleiros, 1986).

Os sujeitos da ação não consistiam em *grupos* de oprimidos, juntos pelas relações pessoais, mas em *movimentos de forças* em confronto pela própria dinâmica estrutural, com estratégias ofensivas e defensivas, o que está mais detalhado em *Saber profissional e poder institucional* (Faleiros, 1985).

É verdade que não se abordava explicitamente a questão institucional, pois se vivia um processo instituinte com mudanças nas formas de gestão e autogestão popular. Assim os objetivos de conscientização, politização, mobilização, organização, participação e gestão popular implicam simultaneamente a dinâmica das lutas concretas numa nova relação profissional-população na luta pelo poder (incluindo recursos) e pelo saber. Rompia-se com o esquema da tecnocracia, as etapas do planejamento, para se trabalhar no fortalecimento do poder e do saber popular, o que mais tarde denominei de metodologia da articulação (Faleiros, 1985: 111-17).

A relação entre estrutura e sujeito não parte da separação entre prática e sistema, mas da articulação de forças e movimentos no desenvolvimento capitalista das relações econômicas e políticas. O político inclui o econômico e não constitui um "nível sistêmico", reflexo de uma base fixa. Para formular esta concepção foi importante e fundamental a incorporação do pensamento gramsciano à reflexão do serviço social, ao que voltaremos no final deste capítulo.

Na dinâmica da luta de classes no Chile, as tarefas dos assistentes sociais, dos estudantes e dos professores comprometidos com a defesa da Unidade Popular e com a *transição* a uma sociedade socialista mudavam no embate dos ataques da burguesia em várias frentes: empresas, Parlamento, serviços, imprensa, importações-exportações. A organização de uma creche, por exemplo, era um processo político para ao mesmo tempo desenvolver a autogestão, a conscientização do poder popular, a defesa das exportações de um produto, para se conseguir divisas (por exemplo, camarões onde se utilizava mão-de-obra feminina), para dar condições melhores de trabalho às mães e melhor atendimento às crianças. A sistematização da prática não consistia em um processo mecânico, mas num refletir vivo sobre as alternativas de ação iluminados pelas categorias de análise do poder e da conjuntura e pela escolha das técnicas mais eficazes.

Estes conceitos e categorias precisavam ser desenvolvidos e criticados no desenrolar do processo, pois a dialética era banida das Universidades. Na Universidade Católica de Valparaíso só encontrei Marx em alemão. Predominava o ensino do positivismo, contra o qual foi necessária uma crítica cerrada.

A lógica da estrutura

Finalmente há a proposta que privilegia a estrutura e não a história na definição do Serviço Social. Em vez de partir da análise de um período determinado e das relações históricas do capitalismo, a perspectiva estrutural se situa num outro esquema de análise e abstração e usa uma lógica dedutiva para especificar as funções do Serviço Social.

A colocação do capitalismo como objeto de reflexão, não de forma mecânica traz à baila a questão do valor e a relação do Serviço Social com a teoria do valor. Esta relação foi bem destacada por Teresa Queiroz (1983) e pelo documento *Trabajo social en América Latina* (CELATS, 1983: 20).

Nesta perspectiva, o sujeito, o indivíduo são considerados força de trabalho, pois assim se configuram no processo de valorização do capital. Esta é a lógica predominante da relação de exploração.

Maguiña (1977) chega a ver o Serviço Social como *produtivo*, pois, segundo ele, reduz os custos de reprodução da força de trabalho ao oferecer serviços de consumo (como creches) à classe trabalhadora e que incidiram na diminuição dos salários. Nesse sentido, a lógica do capital é tão refinada que "economiciza" todas as relações sociais e economiza no pagamento ao trabalhador para aumentar o lucro.

Mesmo tendendo para o economicismo, ao explicar tudo pela valorização, esta perspectiva contribuiu para se abolir a noção liberal do esforço individual, a noção de carência pessoal como fundamento da intervenção profissional.

Na ótica de uma equipe de ex-alunos do Mestrado Latino-Americano em Trabalho Social de Honduras (Oliveira, 1980), o Serviço Social é visto como *improdutivo* enquanto não valoriza diretamente o capital, mas por meio de mecanismos indiretos.

Esta é também a análise de Marilda Villela Iamamoto e Raul de Carvalho (1982) que, no entanto, aprofundam as funções de legitimação e controle do Serviço Social na reprodução da força de trabalho. É pelos processos de controle e legitimação que se processa a sua contribuição à acumulação ou valorização do capital. Iamamoto e Carvalho, no entanto, deduzem o controle e a legitimação da necessidade mesma da lógica do capital para manter a força de trabalho disciplinada e aceitando a própria exploração. Para isso, usam certas técnicas de convencimento ou linguagem, entre as quais o Serviço Social, que é uma tecnologia cujo instrumento é a linguagem (Iamamoto e Carvalho, 1982: 112-15).

Quando se referem à história do Serviço Social nas sociedades concretas, Iamamoto e Carvalho consideram-no instrumento das classes dominantes (*idem*, p. 129), podendo virar "instrumento" (p. 26) dos dominados. Há, no entanto, uma reflexão sobre o "espaço contraditório" do profissional, que, como sujeito, poderá optar por servir ao trabalhador ou ao capital. Esta colocação desloca a análise da estrutura lógica do capital para o sujeito (opção por uma classe) sem visualizar as mediações político-ideológicas do trabalho social e da política.

As opções do profissional, em vez de contraditórias, aparecem como dicotômicas, pois há dois lados opostos: ou capital ou trabalho. Desta forma não se visualizam as diferenciações de classe, a divisão das classes em frações, a formação de blocos políticos nas conjunturas específicas que podem isolar outros mais reacionários para se garantir avanços de médio e longo prazos ao bloco popular. A opção política não é uma questão abstrata, geral, a-histórica mas um processo de formação de estratégias e táticas de avanços e recuos em cada conjuntura (Faleiros, 1985).

Relações sociais estruturais

É sobre estas mediações que venho refletindo (Faleiros, 1985, caps. 1, 7, 8, e vários capítulos deste livro), pois o processo de legitimação e controle se inscreve na luta de classes articulada na correlação de forças em presença no enfrentamento de blocos que defendem sua hegemonia ou propugnam uma contra-hegemonia (*idem*, cap. 3). As instituições se apresentam assim como lugares de luta (*idem*, cap. 2), onde os profissionais também se posicionam nos diferentes blocos e conflitos que se formam.

O compromisso do profissional com a população pode transformá-lo em seu intelectual orgânico na defesa teórica e prática das alternativas que viabilizem o fortalecimento do saber e do poder popular no cotidiano.

As contribuições de Gramsci na formulação dos conceitos de hegemonia e intelectual orgânico têm aberto novas avenidas na reflexão do serviço social para articular forças que trabalhem sua organização, sua consciência, sua participação no cotidiano.

Esta perspectiva vem consolidando e aprofundando a crítica ao voluntarismo do sujeito e ao mecanicismo da estrutura. Pelo primeiro, seja através da ideologia liberal do indivíduo, seja através do militantismo, a história aparece como ato de vontade dos homens ou grupos. Pelo segundo, as condições são determinantes absolutas dos sujeitos que não passariam de meras ilusões nas relações imediatas. Ambos esquecem que "os homens fazem sua própria história, mas não a fazem arbitrariamente nas condições escolhidas por eles, mas nas condições diretamente dadas e herdadas do passado (Marx, 1969: 15).

Para os tecnocratas do planejamento, o agente estatal é o detentor do *conhecimento* e do *recurso*, pois impõe as formas de se apresentar o problema, a questão, a distribuição do tempo para que o recurso seja alocado. Esta metodologia se baseia na separação do trabalho intelectual do trabalho manual, só considerando conhecimento aquele formulado pela "racionalidade" estatal, isolando e menosprezando o conhecimento real do povo.

A reconceituação rompeu definitivamente com esta metodologia, levando em conta as diferentes formas de conhecimento existentes, suas articulações políticas, ideológicas e econômicas, e fundamentalmente a troca desses saberes diferentes em suas relações de força. Não se trata de uma troca neutra, nem de um mercado intelectual, mas da formação de compromissos, superação de posições, defesa de interesses políticos. Nesse sentido, a pesquisa participante vem contribuindo significativamente para esse posicionamento, como foi reconhecido no Seminário do CELATS de 1982 (CELATS, 1983).

Os atores sociais que trocam saberes encontram-se numa relação de poder articulada historicamente, na ligação entre o econômico e o político, entre a vontade e as mediações possíveis pelas forças em presença e em confronto.

A reflexão sistemática sobre as condições gerais do capitalismo e suas mediações nas relações entre as forças, sobre a formação da vontade coletiva dessas forças nessas relações no cotidiano vai possibilitando novos avanços no processo de aliança entre profissionais e povo por um Serviço Social comprometido com os dominados e que contribua às transformações sociais. A reconceituação não acabou. Chegou a hora de seu amadurecimento no confronto com as concepções neoconservadoras e neoliberais que ainda querem restaurar o tecnocratismo sob o manto da participação limitada.

A reconceituação do Serviço Social não consiste numa revolução linear da assistência à transformação, mas na luta constante pela construção de uma sociedade sem exploração e dominação mudando-se as relações pessoais, políticas e ideológicas e econômicas nas diferentes instituições da cotidianidade.

Capítulo 10

Alternativas metodológicas da pesquisa em Serviço Social*

Neste capítulo vou salientar quatro pontos para exposição e discussão sobre o tema proposto: a situação da pesquisa em Serviço Social, os centros e o fomento à pesquisa, os tipos de pesquisa em uso e sua crítica, e a questão teórico-metodológica da investigação.

O primeiro aspecto que gostaria de abordar é a situação da pesquisa em Serviço Social.[1] Para isso levanto três problemas: a) o pragmatismo; b) a acomodação; c) a insuficiência de formação. Há uma tendência nas profissões ligadas à prática, diferentemente daquelas mais ligadas à teoria, em não realizar pesquisas. Não é só o caso do Serviço Social, mas também da Enfermagem e da Nutrição. Mesmo na área pedagógica e na área médica, se se levar em conta o número de profissionais aí existentes, são

---

* Publicado originalmente em *Serviço Social & Sociedade*, São Paulo, VII (21): 5-17, ago. 1986.

1. A partir de 1986 muito se desenvolveu a pesquisa nas unidades públicas de ensino e nas PUCs com o apoio do CNPq e outras agências de fomento, dos cursos de pós-graduação e organizações dos próprios assistentes sociais.

raros os que realmente fazem um trabalho de pesquisa. Isso muito se deve à orientação pragmática que essas profissões vêm adquirindo no contexto da ação social. O pragmatismo consiste numa atitude voltada para a solução de problemas imediatos, sem pensar e refletir as conseqüências teóricas e históricas desta ação imediata. O pragmatismo, no Serviço Social, tem origem no próprio tipo de trabalho realizado pelos assistentes sociais, voltado para a atribuição de recursos ou de orientações em relação à problemática da assistência social. A conseqüência disso é a pulverização da ação, de acordo com o que vai aparecendo na estrutura e dinâmica institucionais, realmente fragmentadoras dos problemas sociais. Há uma fragmentação da própria orientação profissional da ação e uma fragmentação político-institucional dos problemas sociais.

Esta é uma questão que exige elaboração mais detalhada, mas, no momento, eu a deixaria de lado, a fim de chamar a atenção para o aspecto da acomodação profissional, ainda que seja um tema provocativo. Não é só no Brasil que ela acontece, não é só no Brasil que estamos preocupados em utilizar a pesquisa em Serviço Social.

Em texto apresentado num colóquio realizado nos Estados Unidos, em 1977, denominado: "Um colóquio sobre a utilização da pesquisa em Serviço Social", há uma constatação feita para os norte-americanos nos termos seguintes: "Os assistentes sociais professam uma alta estima pelas pesquisas, mas não gostam de estudá-las. Eles não utilizam os estudos baseados sobre a pesquisa ao seu trabalho profissional ou para melhorar seus conhecimentos instrumentais". Isto está baseado numa pesquisa feita entre os assistentes sociais norte-americanos: assistente social não lê pesquisa. "Suas leituras, ao nível do seu trabalho prático, não se orientam no sentido da pesquisa. Eles, provavelmente, não efetuarão pesquisas depois que seus estudos estejam terminados e é difícil que aceitem pesquisas, principalmente se suas conclusões forem negativas para a sua prática (Kirk, in Rubin & Rosenblatt, 1984: 19). Esta é a realidade norte-americana. Acho que nossa situação ainda é muito mais dramática. Os assistentes sociais brasileiros não estudam pesquisa, não utilizam estudos baseados em pesquisa para a melhoria profissional, não realizam pesquisa depois de sua formação, e principalmente rejeitam as pesquisas que trazem críticas ou resultados negativos para a sua prática. Esse conjunto de características resulta da acomodação. O que se tem observado na prática do Serviço Social é que também há pouca produção científica, mas isso será abordado no segundo ponto. Quero enfatizar a desconfiança, o desprezo e a não-aceitação da pesquisa realizada. A maioria dos assistentes sociais, pela constatação corrente, não tem preocupações com a pesquisa. Na LOPS (Lei Orgânica da Previdência Social) havia um item[2] que previa que uma das funções do Serviço Social seria fazer pesquisas; e até os anos 80 não se viu uma pesquisa publicada pelos assistentes sociais da Previdência, em nível nacional. Há levantamentos parciais, internos, da própria instituição. Essa atitude de acomodação deriva de muitos fatores, como do próprio pragmatismo, que já foi destacado, do tipo de prática empírica, da fragmentação institucional, e da própria origem histórica da profissão, ligada mais ao ativismo e a uma orientação ideológica voltada para valores morais do que propriamente para uma dinâmica de relação de forças enfrentadas no cotidiano.

Em terceiro lugar situo a insuficiência da formação. Nós não formamos pesquisadores em Serviço Social. As instituições não demandam pesquisas e a população também não as exige diretamente dos profissionais. As escolas ainda são extremamente deficientes na formação para a pesquisa. Felizmente, o novo currículo introduz, de maneira mais explícita, esta disciplina, porque seu ensino nas escolas tem ficado na mão dos institutos de Ciências Sociais, dos sociólogos, que passam e repassam técnicas completamente desvinculadas da prática do assistente social. Esta insuficiência tem se manifestado no CNPq, onde conquistamos um lugar para o Serviço Social, por meio de uma luta dos mestrados. Conquistamos uma consultoria permanente,

---

2. O item XII do artigo 177 do Regulamento Geral da Previdência Social (Decreto nº 48.959-A, de 19-9-1960) reza: "O Serviço Social deverá promover, periodicamente, pesquisas sociais, destinadas ao conhecimento do meio social, notadamente das reais condições de vida e necessidades sociais dos beneficiários da previdência social".

não em termos de pessoa, mas em termos de função. No CNPq há ainda quantidade pequena de projetos de Serviço Social. Na reunião de setembro de 1985 havia dois pedidos de auxílio para a pesquisa em Serviço Social, comparativamente a vinte, trinta, quarenta de outras áreas. O próprio CNPq não pode contribuir com mais recursos se não há pedidos. É necessário salientar que a qualidade destes pedidos precisa melhorar, porque o que se analisa nos comitês é o mérito, a fundamentação do projeto. Exige-se uma fundamentação rigorosa, uma metodologia que permita sua exeqüibilidade a curto prazo, e uma garantia pessoal e institucional de que o projeto vai ser realizado no prazo previsto.

Para se produzir pesquisa não basta ler, não basta se dispor para a leitura. É preciso uma organização sistemática para a produção do saber e de uma produção que tenha possibilidade de difusão e de comunicação. Quem é que está produzindo o saber difundido hoje no Brasil em termos de Serviço Social? Fundamentalmente, são os mestrados em Serviço Social. É aí ainda o *locus* da produção. Nos mestrados é que há produção de teses, e, por meio das teses, pesquisas.[3] No entanto, a tese ainda é um trabalho artesanal, em que o indivíduo isolado faz a sua pesquisa, do começo ao fim, realizada por ele mesmo, sem organização de apoio, contando apenas com a bolsa e um orientador. Fora dos mestrados, estão surgindo os centros e as organizações regionais de pesquisadores. Há o exemplo do centro de pesquisas de Porto Alegre, e da Associação de Assistentes Sociais Pesquisadores da Amazônia (ASPAM). Em agosto de 1984, realizou-se a primeira reunião de mestrados e de pesquisadores em Brasília, com representantes do CFAS e da ABESS.[4] Em setembro, no Rio, num seminário de pesquisa organizado pela PUC/RJ, o assunto voltou a ser discutido, tendo sido aprovada, por unanimidade, a criação da ANPESS,[5] ficando para posterior deliberação o detalhamento dos estatutos, com a ampla participação

---

3. De 1976 a 1994 foram produzidas aproximadamente 800 dissertações de mestrado e teses de doutorado.

4. A ANAS foi convidada, mas não compareceu ao encontro.

5. A ANPESS foi criada no primeiro semestre de 1986. (N. da R.)

dos assistentes sociais. O encaminhamento da questão ficou a cargo de uma comissão composta pela presidente da ABESS e de dois representantes da pós-graduação. Em maio de 1985, em Recife, chegou-se a um anteprojeto de estatutos.

No congresso da ABESS, em Niterói, de 4 a 7 de setembro de 1985, realizou-se um grande debate sobre ensino, pesquisa e extensão e houve divergências quanto à criação da ANPESS, considerada, por um lado, como cupulista, elitista e paralela. Ao contrário, outros defendiam a tese de que a ANPESS iria democratizar e dinamizar a produção científica por meio dos núcleos de pesquisa descentralizados. Tomou-se consciência de que a ABESS deveria assumir a questão da pesquisa de forma explícita e conseqüente. Nossa proposta foi de que, se realmente as unidades de ensino estivessem interessadas em desenvolver a pesquisa, deveríamos apoiar a iniciativa de formar pesquisadores. Se não há projetos de pesquisa, isso também se dá devido à falta de gente capacitada para fazê-los. Criou-se, assim, dentro da ABESS, uma Coordenação Nacional de Pesquisa e uma Coordenação Nacional de Capacitação Docente. Estas coordenações desenvolveram a formação e o apoio aos pesquisadores. Fóruns nacionais foram organizados para apresentar o resultado de pesquisas de forma crítica, sem isolar a investigação do processo acadêmico. Acreditamos, no entanto, que precisamos estimular a pesquisa em todas as áreas do Serviço Social, elevando sua qualidade e seu rigor metodológico. Para isto, é necessário um fórum crítico de intercâmbio da pesquisa em Serviço Social, complementar à ação da ABESS na formação de pesquisadores. Isso é ainda um assunto polêmico, com posições divergentes. Parece-me, entretanto, que sem uma organização específica para pesquisa na área do Serviço Social ficaremos ainda mais débeis nesta questão.

Além dos mestrados, centros, associações da Coordenação da ABESS e dos Fóruns Nacionais de Pesquisas, precisamos criar mais mecanismos de divulgação e intercâmbio das pesquisas. Há que se estimular os assistentes sociais para que se interessem por pesquisas nos modos mais amplos e diversificados, elaborando tática de implementação de debate e de publicação. As revistas *Serviço Social & Sociedade* e *Debates Sociais* são instrumentos de divulgação, mas ainda insuficientes, diante de um público potencial de 20 mil profissionais.[6]

A pesquisa se solidifica a partir do trabalho continuado, de base. Para isto é fundamental a criação de *núcleos de pesquisa* em cada instituição, em cada universidade. Que as universidades liberem professores para fazer pesquisa, que as instituições liberem profissionais para fazer pesquisa, porque sem tempo, gente e recurso não se faz pesquisa. Esta, na universidade, apresenta-se como uma tarefa a mais, além das aulas, sobrecarregando o professor, sem ganho para isso, e às vezes até mesmo o professor pagando para pesquisar. Tratar desses assuntos práticos é importante, porque sem condições objetivas não adianta falar de alternativas metodológicas da investigação. Se a gente não se organiza, se a gente não luta, se a gente não cria centros, núcleos de pesquisa, forças para pressionar nesse sentido, não vamos adiante na questão.

Agora desenvolverei os dois outros aspectos mais teóricos que se referem a uma crítica aos tipos de pesquisa que vêm sendo realizados, enfatizando em primeiro lugar uma forma muito usada nos Estados Unidos e no Canadá e ainda pouco difundida no Brasil: a pesquisa avaliativa. Em seguida abordarei o problema do método.

A pesquisa avaliativa dominante consiste na análise dos resultados de uma intervenção, em função dos objetivos propostos pelas instituições, respondendo à questão: quais os resultados das políticas sociais em função dos objetivos propostos? Por exemplo, em relação aos idosos, pergunta-se *como* está sendo realizada a política da velhice, *sobre* as necessidades dos idosos na sociedade capitalista, *sobre* os tipos de recursos postos à sua disposição e também sobre as alternativas de recursos mais baratos que possam ser implantados. Trata-se de uma investigação extremamente limitada, conservadora, que reproduz o sistema, na lógica da eficiência e da eficácia. Trata-se de uma pesquisa funcionalista, que visa reproduzir a própria organização da instituição. A ca-

---

6. Vários mestrados estão organizando revistas desde meados dos anos 50.

racterística central do funcionalismo é reforçar a ordem social existente, pois é uma visão parcial do que existe, para daí inferir o que deve ser. O dever ser seria a continuidade do ser, daquilo que é a ordem social vigente. E esta é também a base do positivismo, que postula que o verdadeiro é aquilo que existe. Trata-se de uma perspectiva do sim, que traduz uma visão conservadora da sociedade.

A pesquisa avaliativa dominante mantém o pensamento ligado à positividade da sociedade existente, baseado na própria teoria de que "o ser é e o não ser não é". O que é é, aí está e aquilo que é deve ser, sendo apreendido pela simples observação.

A utilização de levantamentos e pesquisas em Serviço Social está, não raramente, vinculada às necessidades de planejamento, cadastro de populações, diagnósticos de necessidade. O próprio planejamento é uma técnica extremamente conservadora. Nesta ótica, o planejador prevê o futuro como continuidade do passado, e o planejamento passa a ser de caráter tendencial ou incremental, em que o futuro deverá perpetuar a continuidade daquelas tendências que se extrapolam do passado. Aí surge um segundo tipo de pesquisa ligada ao planejamento, que não avalia o que foi feito (passado), mas que consulta a população para projetar tendências para o futuro. Esta atividade consiste numa consulta para se elaborar o que se denomina de diagnóstico. Natalio Kisnermann (1982), por exemplo, considera a investigação como a primeira fase da "metodologia do Serviço Social". Numa visão tecnocrática da ação profissional, ordenada pelo planejamento institucional, consulta-se a população sobre aqueles recursos colocados pelo governo em função de certas "necessidades" previstas para o futuro, como se estas fossem a continuidade do presente e estivessem em função dos recursos disponíveis. Assim, fazem-se as enquetes, para se ver que "necessidades" podem ser equacionadas, sem nem sequer considerar-se o momento histórico em que surgem, vendo-se a necessidade como algo absoluto, como uma carência da natureza.[7] O assistente social aparece, então,

---

7. Ver para uma crítica a esta concepção, Faleiros (1980: Cap. 2).

como o pesquisador das carências, como se estas fossem buracos, falhas do indivíduo, dos grupos, das comunidades, e não inseridas e determinadas pela produção capitalista. Estes estudos, assim mesmo, são raros, pois os programas governamentais chegam às comunidades de cima para baixo, sem nem sequer se perguntarem quais as necessidades do povo. A LBA, por exemplo, levou seus cursos profissionalizantes para o Brasil inteiro, de forma clientelística, sem a mínima consulta à comunidade. À tendência funcionalista da pesquisa e à tendência tecnocrática alia-se o clientelismo político. Levantar "carências" pode ser importante, mas depende do enfoque, da perspectiva e, como disse o prof. Cupani,[8] do paradigma que se adote, para se repensar essas carências.

Estes tipos de investigação avaliativa e de investigação consultiva são comuns na prática do Serviço Social. Desta classificação estou excluindo as teses de mestrado e certos trabalhos isolados de autores que vêm lutando para realizar projetos que fujam a esta descrição. O destaque das atividades que aparecem na prática dos assistentes sociais tem sentido na medida em que quisermos mudar a orientação da pesquisa na área profissional e não só nas universidades. Gostaria ainda de chamar a atenção para outro elemento da prática, e que não pode ser considerado como pesquisa, ou seja, a coleta de dados da clientela. Além da avaliação e da consulta, realiza-se, na nossa prática profissional, intensa coleta de dados sobre a população, nas chamadas folhas de rosto, nos prontuários, nas entrevistas. O que aí se coleta? Como é feito esse trabalho? Fica reduzido, em geral, a certas variáveis completamente isoladas umas das outras. Pergunta-se às pessoas: qual é a sua religião? Qual a sua idade? Qual é o seu problema?... Faz-se uma *descrição* dos dados da pessoa em função, muitas vezes, do nada, pois essa coleta não vai servir à atenção devida ao problema colocado, e sim para entreter o cliente e preencher o papel da instituição. Esta é uma questão que precisa ser repensada na prática profissional: a reutilização do material

---

8. Ver nos Anais do II Seminário Regional de Pesquisa o texto da conferência do prof. Cupani sobre o conceito de paradigma.

empregado pelo assistente social no seu relacionamento profissional, a fim de transformá-lo em saber destinado ao povo, ao debate de suas condições de vida. São estes três tipos de levantamento que têm sido feitos, como propostas das instituições, que exigem os famosos cadastros da população, mas que, por sua vez, podem ser redirecionados política e tecnicamente. Participei, como assessor, de um cadastramento das populações palafitadas em São Luís, e aqui vou referir-me rapidamente à experiência.[9] Em geral, esses cadastramentos ficam engavetados nas instituições e não se sabe até que ponto são utilizados ou até manipulados para os interesses do capital. A pesquisa feita em São Luís foi paga pelo povo, pois seu custo estava incluído no preço da casa. O BNH não faz cadastro de graça.

Os pesquisadores de São Luís, coordenados pelos professores da Universidade Federal do Maranhão, organizaram uma estratégia participativa; a) para que a população fosse informada de todo o processo; b) para que influísse no conteúdo da pesquisa; c) para que utilizasse os dados na defesa de seus interesses; d) para que se organizasse politicamente (em associações) no próprio desenvolvimento da pesquisa.

O último destaque refere-se à discussão das questões teóricas das alternativas metodológicas. Para isto é necessário uma incursão no âmbito do conceito de ciência, retomando a exposição do prof. Cupani. O que caracteriza o pensamento científico em confronto com as idéias morais e religiosas e ao senso comum é a conquista da relatividade do conhecimento. Esta é a contribuição fundamental do pensamento científico no desenvolvimento do saber. É a redescoberta e a consciência de que a verdade é relativa, de que a verdade é histórica. Thomas Kuhn (1978) tentou demonstrar esse aspecto na definição do conceito de paradigma. Na perspectiva marxista, esta historicidade da ciência é um ponto de vista fundamental. Adam Schaff, por exemplo, em *História e verdade* (1978), defende a tese da relatividade do conhecimento e da verdade, pela escolha que se faz na construção do seu

---

9. Para mais esclarecimentos ver Silva & Souza (1984).

objeto, pelas suas múltiplas facetas e condicionamentos. A verdade é histórica, a verdade é uma busca, a verdade é um processo de confrontação de pontos de vista. Kuhn mostra e demonstra que os paradigmas estão em luta, mas não vai ao fundo da questão explicando por que os paradigmas estão em conflito. Esta confrontação advém, da divisão da sociedade em classes. Abstrair esta divisão contraditória é condição para se entender a própria sociedade, pois não podemos nos colocar acima das classes sociais para analisá-las. O cientista e a ciência estão inseridos nesse processo contraditório e a análise da sociedade se faz na perspectiva das classes, colocando em conflito as posições provenientes de interesses divergentes e contraditórios, de tal forma que a realização de uns implica a não-realização de outras.

Os interesses do trabalhador pelo salário, pelas condições de vida, pelas condições de trabalho, pela gestão da sociedade, se opõem à acumulação capitalista, aos interesses da burguesia pela manutenção das relações de exploração e dominação.

Estas contradições se manifestam no confronto de diferentes paradigmas. Há uma perspectiva predominantemente burguesa e uma perspectiva predominantemente proletária de análise da sociedade. Estas perspectivas, por sua vez, não são unitárias, monolíticas, sem contradições. Não podemos dizer, tampouco, que sejam perspectivas falsas em termos valorativos, já que a verdade é relativa. O ponto de vista burguês representa a "verdade" da burguesia, de suas organizações político-ideológicas, com a qual ela vê a si própria e ao proletariado. Esta visão pode estar fundada em critérios de honestidade intelectual. Com isto queremos dizer que quando um Ricardo, um Adam Smith, um Mannheim, um Max Weber fazem um trabalho de busca e de saber, eles não o estão fazendo para enganar, para passar a perna nos operários, mas estão defendendo um ponto de vista ideológico-político mais ou menos avançado, de acordo com a consciência de seus próprios limites. Eles têm consciência, até certo ponto, desses próprios limites, pois se colocam na sociedade como sujeitos de um determinado tipo de conhecimento do contexto de produção da própria sociedade. Esses pontos de vista, na sociedade de classes, refletem alguns aspectos importantes da realidade: as visões das classes dominantes.

Suas pesquisas refletem um ângulo da realidade, uma perspectiva de classe num momento histórico determinado, no contexto da investigação escolhida, conservando sua autonomia teórica. Essa perspectiva, então, deve ser levada em conta para as análises, destacando-se, no entanto, o que Marx chama de abstrações,[10] unilateralidades. A unilateralidade das próprias abstrações. Um ângulo de classes extremamente rígido se torna cada vez mais unilateral. Podemos observar, no próprio pensamento de Marx, sua tentativa de captar a multilateralidade das questões, correlacionando uma visão progressiva e otimista do capitalismo (presente em Ricardo), com a visão pessimista do capitalismo, demonstrando que a riqueza e a miséria estão dialeticamente relacionadas. O ponto de vista da multilateralidade, para o qual Marx chama atenção na famosa expressão de que "o concreto é concreto por ser a síntese de múltiplas determinações, logo, unidade da diversidade" (Marx, 1983: 218), consiste justamente em ver a relação dialética entre a produção do real e sua reprodução pelo pensamento. Não podemos nos circunscrever às relações entre as manifestações analíticas, às dimensões analíticas, apenas como causa e efeito unilateral, se quisermos, mas ver as relações em termos dialéticos, o que significa considerar a contradição no contexto da totalidade histórica, do processo de produção social e de sua reprodução pelo pensamento.

A visão dialética considera o processo, não o fato isolado, busca a totalidade, a multilateralidade, a síntese das múltiplas

---

10. Diz ele: "Parece que o melhor método será começar pelo real e pelo concreto, que são a condição prévia e efetiva; assim, em economia política começar-se-ia pela população, que é a base e o sujeito do ato social de produção como um todo. No entanto, numa observação atenta, apercebemo-nos de que há aí um erro. A população é uma *abstração* se desprezarmos, por exemplo, as classes de que se compõe". E mais adiante afirma: "A categoria econômica mais simples, por hipótese, supõe uma população produzindo em condições determinadas; supõe ainda um certo gênero de família, ou de comuna, ou de Estado. Só pode pois existir sob a forma de relação *unilateral* e abstrata de um todo concreto, vivo, já dado" (Marx, 1983: 218-9).

determinações. As perspectivas das classes dominantes consideram a sociedade a partir das visões do poder, e para conservá-lo, enquanto a visão revolucionária do proletariado é mais ampla, pois visa à transformação da ordem burguesa e à sua própria superação. A burguesia já realizou a sua revolução, está no poder, ela está na condução, na direção de um processo hegemônico. Sua ótica é a ótica da conservação, a ótica funcionalista, a ótica da reprodução da própria sociedade e das suas condições de poder. A ótica transformadora é a de uma outra sociedade, a da destruição da própria burguesia, e da alternativa de sociedade que supere a existente (Goldmann, 1984: 46-8). Por isso, esta última é mais ampla, já que compreende a visão dessa sociedade e tem a perspectiva de uma sociedade alternativa, daquilo que não é, e não só daquilo que é. Ela tem a perspectiva do alternativo, não como simples continuidade do que pode ser, mas do que rompe com o que é, a partir das contradições existentes, que dão origem ao surgimento do novo, de uma sociedade transformada, de uma sociedade diferente. E na perspectiva do proletariado que se pensa o diferente, o diverso, o alternativo e que se recusa a uniformidade. Esta perspectiva não se confunde com a ideologia do socialismo real, que, por se sustentar em uma classe ou camada burocrática, também pensa em termos de uniformidade. A ciência é pois uma luta teórica, parafraseando Althusser, que salienta o fato de a filosofia ser luta, "luta de classe na teoria" (Althusser, 1978: 132). A relação sujeito-objeto na sociedade de classe, na luta de classes, é fundamental para se entender o próprio conhecimento e a construção do nosso conhecimento nas diferentes perspectivas desta sociedade e, assim, o papel da ciência no confronto das classes.

A dialética do desenvolvimento da ciência, como vimos, passa pela contradição abstrato/concreto nesse processo de confronto das perspectivas, que hoje se revela como teoria/empiria. A teoria não deixa de ser um recorte da realidade, um determinado ângulo, do qual nós precisamos estar conscientes. A ciência, sendo relativa, é vinculada à sociedade de classes e às suas instituições, goza de certa autonomia no processo de construção do saber, das categorias analíticas de reconstrução do real pelo pensamento. No Serviço Social ressente-se a falta de capacidade de elaboração dessas categorias teóricas, para dar-se conta do seu próprio objeto de pesquisa, e de seu próprio objeto profissional.[11] Conforme as diferentes perspectivas pode-se chegar a construir vários objetos. Segundo determinado ângulo, o objeto é conservador, de outro é transformador (Faleiros, 1981: cap. 8).

Agora, desejamos refletir mais especificamente sobre o objeto da pesquisa. Como vamos construí-lo? Somente a construção e articulação de categorias teóricas permite delimitar o objeto da pesquisa. A prática, a "empiria", passa a ser recortada nestes diferentes ângulos, para que se possa pensá-la dentro de determinados eixos fundamentais. Sem isso, não faremos pesquisa. Não há alternativa de pesquisa se não considerarmos nossa capacidade teórica para pensar a realidade, para construir categorias de análise. Não é fazendo "folhas de rosto", cadastros, contatos, preenchimentos de fichas que vamos conseguir pesquisar.

Para se elaborar uma categoria de análise supõe-se um processo crítico. Este implica o conhecimento e confronto das perspectivas de classe e das teorias rivais sobre aquela problemática, no processo de luta teórica em torno de determinada questão.

Sobre o problema em jogo certamente haverá certa quantidade de teorias, categorias, análises, umas mais críticas que outras. Umas, na perspectiva de defesa, da conservação, e outras na perspectiva da destruição, das alternativas. Aí não devemos ter medo de analisar essas teorias rivais, pois isso é condição para o próprio crescimento teórico. Este não se faz sem debate, sem confrontação. Wright Mills, em A *imaginação sociológica* (1972), insiste na confrontação como forma de desbloquear o nosso pensamento conservador da realidade. À medida que confrontamos, ressurge a possibilidade da crítica.

A teoria e a construção de categorias é um processo crítico na busca do fundamento dos fenômenos. Busca-se ver a situação presente para destruí-la teoricamente, para desmontá-la.[12] "Para

---

11. Há ainda quem pergunte de forma absoluta sobre qual é o objeto do serviço social.

12. J. A. Guilhon de Albuquerque chama a atenção para esse processo de "destruição/montagem" do conhecimento (Albuquerque, 1980: 2).

se fazer a omelete é preciso quebrar os ovos." Para repensar a prática do Serviço Social e encontrar alternativas de pesquisa é preciso desmontá-lo teoricamente e reconstruí-lo na busca do seu fundamento. Fundamento é a condição da possibilidade da *gênese* e da *articulação* das contradições num processo. Não se trata apenas de considerar a gênese, mas a articulação estrutural do todo na história. A construção da teoria passa por essa crítica histórica. A história nos coloca diante das condições objetivas de surgimento dos fenômenos, diante do *momento* e da *totalidade*, para a construção do objeto.

Por exemplo, as concepções de saúde e doença podem ser confrontadas historicamente. A doença aparece num momento como o diabo, encosto do demônio, ou falta do amor de Deus. Noutros momentos, a doença surge como disfunção, e ainda como uma concepção ecológica, como falta de ambiente. Noutro momento desenvolve-se uma concepção social e política da doença, como uma situação de classe. Percebemos, assim, que na análise da doença há várias perspectivas que permitem construir categorias de pensamento sobre ela. E, a partir daí, há condições de elaborar o processo crítico sobre nosso objeto, sobre a doença e a saúde, numa relação social determinada. Assim, a crítica e a autocrítica dos saberes construídos e confrontados na busca de seus fundamentos sociais é um processo teórico-metodológico necessário ao encontro de alternativas à pesquisa e à ação.

Agora, a questão do método. Não há possibilidade de construção do método sem teoria crítica. O método não é, pois, um conjunto de regras fixas para se chegar sempre aos mesmos resultados (Faleiros, 1985). Isso é receita, não é método. Mesmo numa receita é preciso conhecer o "pulo do gato", e isto nem sempre está previsto na fórmula. O processo metodológico é dinâmico, talvez seja um estilo, como afirmou, na exposição precedente, o prof. Cupani. No entanto, não se deve confundir metodologia com uso adequado. Ela é a reflexão crítica do seu próprio caminhar, dando-se conta das alternativas possíveis e dos argumentos e contra-argumentos que foram usados para seguir determinada direção. Isto significa que a metodologia é um processo constante de construção. Não se decide uma metodologia de uma vez por todas, e nas pesquisas concretas há revisão do projeto e retomada do caminho, talvez para se recomeçar tudo outra vez.[13] A metodologia é uma aventura intelectual, uma aventura que se faz num processo histórico de crítica do seu próprio caminho, do encaminhamento do seu caminho, repensando-se as condições existentes de sua realização. O uso de técnicas também é um processo que podemos construir, na combinação do qualitativo e do quantitativo. Em *O capital*, de Marx, há esta constante articulação entre os dados estatísticos e a análise qualitativa.

No caso específico do Serviço Social, parece-me, pelas razões abaixo expostas, que precisamos, pelo nosso próprio contexto, redescobrir as técnicas qualitativas (Cardoso & Brignoli, 1983). Dentre estas destaca-se a história de vida. Temos, em nossas mãos, milhões de histórias de vida, das quais participamos no cotidiano do nosso trabalho. É preciso que essas histórias de vida sejam inseridas na perspectiva estrutural da história. Essa é uma das alternativas técnicas de pesquisa que nós precisamos reaprender a construir no processo crítico acima definido. Ligar as histórias de vida do dia-a-dia à complexidade de uma análise e às organizações de luta do proletariado pode ser feito na própria dinâmica do nosso trabalho. Exemplo disso, *en passant*, é o que está sendo feito em Niterói, sob a coordenação da profa. Sueli Gomes da Costa, com os grupos de reprodução. Reúne pessoas para falar de sua vida sexual e a partir daí elas descobrem que têm uma história comum e que essa história tem outras histórias que se superpõem, que se entrelaçam. Uma experiência nesse sentido foi tentada por mim num curso de história do Serviço Social que ministrei em Monterey, no México, onde se reuniram assistentes sociais de várias gerações, para cada um contar a sua história, para termos nessas histórias a história do Serviço Social e a história do México. Os fenômenos não estão separados, ao

---

13. Marx distingue o "método da investigação" do "método da exposição". O segundo retoma o ponto de chegada do primeiro para seguir uma lógica expositiva concatenada, distinta da "lógica histórica" de idas e voltas, dúvidas, confrontos, rascunhos da investigação (Marx, *O Capital*, 1983: Cap. I; Nunes, 1979).

contrário, apenas manifestam a complexidade do processo histórico. Ao se descobrir que, naquelas histórias, a formação do assistente social não havia mudado muito em sessenta anos, a pesquisa pôde orientar propostas na perspectiva de transformação. Para se lutar, criar uma correlação de forças a fim de mudar o próprio objeto de estudo e ação, é necessária a pesquisa, não só da história individual, mas da história das associações de moradores, da história dos movimentos de bairros, da história das comunidades, da história das populações, da história das instituições, todas relacionadas com o processo histórico global.

A crítica às pesquisas existentes e o repensar das alternativas teóricas e metodológicas são condições de produção do conhecimento e de organização do saber necessárias para redirecionar a pesquisa social. Não adianta levantar alternativas metodológicas apenas como exercício acadêmico, mas construí-las a partir da própria história de nossa situação de pesquisa. É isso que tentamos fazer.

Capítulo 11

A categorização dos pobres: os desafios do contexto organizacional e institucional*

A definição teórica do trabalho social se defronta, em primeiro lugar, com o que se entende por social, com repercussões profundas sobre seu estatuto científico nos domínios do conhecimento reconhecido e estabelecido. Este estatuto teórico tem relação com a prática do trabalho com os mais pobres e mais excluídos (sem bens e sem poder), marginalizados, reservas, "imprestáveis" para o capital.[1] Para trabalhar com os pobres, em geral, não há muitos recursos e poder, e mesmo reconhecimento de teorias. Desta forma as questões teóricas estão articuladas às

---

* Versão modificada de artigo publicado em *Paroles et Pratiques Sociales* n° 35, pp. 5-8, Paris, out.-dez. 1990.

1. A questão da pobreza se inscreve numa relação social de exploração e dominação na produção da riqueza social, apropriada em grande parte por uma minoria em detrimento da maioria, que assim se vê privada dos meios de vida necessários à sua sobrevivência e à satisfação das necessidades historicamente construídas para uma convivência social digna e feliz. Assim, os conceitos de pobreza absoluta (relativos ao mínimo de subsistência) se relacionam com o de pobreza relativa em nível de renda e riqueza alcançado por uma sociedade.

questões políticas, culturais, ideológicas e econômicas, num processo complexo de mediações. Neste capítulo pretendemos abordar e destacar as categorias que os agentes sociais construíram ao longo da história para incluir, classificar, atender aos pobres na própria relação que com eles foram estabelecendo, trazendo à luz este movimento entre concepções teóricas e ações práticas. Para fazer este trabalho utilizamos o processo de categorizações como mediação desse movimento. É através de categorias que os agentes trabalham, classificando, explicando fenômenos, generalizando e estabelecendo estratégias. Estas categorizações não são apenas resultado de elaborações técnico-científicas puras, mas articulações complexas nas correlações de força das diferentes conjunturas.

A partir das questões colocadas por esta própria prática complexa é que buscaremos aprofundar as mediações políticas, econômicas, culturais e ideológicas das categorizações dos pobres como um processo inter-relacionado. A base, para isto, é uma abordagem histórica, mas sintética, a partir de grandes configurações históricas em que se demarcaram políticas para os pobres. Nosso corte será justamente a delimitação das categorizações dos pobres que prevaleceram no leque das políticas sociais. Parafraseando Marx, interrogamo-nos se as categorias da miséria nos levariam a uma miséria das categorias. É o desafio de pensar, nesse momento, mais enfaticamente o processo que a estrutura, para, inclusive, podermos construir categorias processuais na estrutura em vez de categorias estáticas que congelem os processos de mudança em visões esquemáticas rígidas.

Da Idade Média ao século XVIII

Nesse longo percurso histórico aqui indicado, o destaque é para a transformação das categorias de bons e maus pobres, ou de pobres merecedores[2] e não merecedores, em categorias de pobres capazes e incapazes. Em primeiro lugar, é preciso considerar o contexto econômico da Idade Média. O tratamento dado aos pobres é o resultado tanto das relações econômicas como religiosas

---

2. *Deserving poor.*

e políticas. Nesta fase histórica articulavam-se a economia da servidão, a dominação religiosa católica e a ordem política feudal. São as ordens religiosas e os príncipes que se ocupavam da atenção e da organização de atendimento aos pobres, seja nos mosteiros e conventos, seja através da distribuição de esmolas. A doação era mediatizada pela caridade, um meio de fazer ao outro uma doação conforme a apreciação das necessidades do outro em função do supérfluo. É uma relação de dom pessoal do mais forte em direção aos deserdados e despossuídos, embora os que possuíam não se desfizessem de todos seus bens em favor dos despossuídos, de forma geral. Ao contrário, eles mantinham uma auréola de legitimação por sua aparente (que aparecia em público) bondade para com os homens (filantropia) e diante de Deus, na crença de obter um lugar no céu. A caridade era mediação da crença.

As categorias de classificação dos pobres refletiam as noções que os distinguiam em bons e maus: os bons eram os que não se revoltavam contra sua miséria e as condições de trabalho, aceitando a chamada ordem divina ou divina providência. Se a crise de desemprego aumentasse, por exemplo, em função das intempéries, organizava-se tanto a distribuição de alimentos nas cidades com maior agitação social (em Lyon, por exemplo), para manter a ordem, como trabalhos temporários e emergenciais de caráter público ou privado. Os *ateliers de charité* nos séculos XVII e XVIII eram formas de ligar trabalho e caridade, usando-se as obras ou atividades públicas para as emergências do desemprego.

A ajuda a domicílio (*Outdoor relief*) foi sempre inferior ao que se pode chamar salário mínimo, mesmo com as decisões e dispositivos tomados em Speenhamland em 1795, que davam aos trabalhadores uma ajuda referente ao preço do pão. Os fichários dos pobres continham a distinção dos que eram capazes e dos que eram incapazes de trabalhar. As categorias de capazes/incapazes ou de aptos/inaptos atravessaram toda a legislação dos pobres (*poor law*) na Inglaterra. As categorias de bom e mau pobre foram sendo substituídas por aquelas que se referiam diretamente às condições de exploração do trabalhador pelas elites locais.

Os agentes dos pobres deviam analisá-los caso a caso a fim de determinar as capacidades de cada um segundo sua idade, o sexo, as condições de saúde, as habilidades e suas disponibilidades. Nessa economia de desestruturação da relações de servidão e de produção comunitária são as paróquias que assumem a categorização dos pobres para um controle da mão-de-obra. Assim, o sistema de ajuda caminhava junto com o sistema econômico de controle e inserção da mão-de-obra local nos trabalhos agrícolas. Este controle chegava não raramente às vias de repressão violenta com a estigmatização dos que eram considerados vagabundos através até da amputação de sua orelha ou marca em seu corpo da letra S, significando escravo (*slave*), o que permitia a qualquer um usá-lo como trabalhador sem remuneração. O financiamento desta ajuda aos pobres vinha de uma taxação paroquial.

A institucionalização dos pobres nos asilos, albergues e hospitais era uma forma de limitação e um controle de sua liberdade não só em razão de isolamento, mas uma limitação trocada por um mínimo de sobrevivência. Era a troca da liberdade por comida e abrigo. A institucionalização dos pobres em asilos, albergues e hospitais (*Indoor relief*) supunha, por parte dos pobres, a aceitação das normas e da disciplina para obter bons hábitos morais e de comportamento.

A implantação das *workhouses* na Inglaterra nos séculos XVIII e principalmente no século XIX tinham como pressuposto, segundo as teorias malthusianas, de que a assistência social é que causava a preguiça, devendo-se, no interior dos albergues, forçar os pobres a trabalhar, mesmo ao preço de sua saúde. A ajuda deveria ser dada somente aos incapazes de trabalhar. Institucionalizou-se, de forma emblemática, a diferenciação entre os capazes e os incapazes. A preguiça seria a causa da pobreza. No século XVI, Juan Luis Vives propunha a criação de um sistema de atendimento aos pobres para corrigirem seus vícios e aceitarem com resignação a pobreza com o objetivo de se recuperarem, pois havia os recuperáveis e os irrecuperáveis.

A Revolução Francesa, através de seu Comitê de Mendicância, coloca em questão o sistema assistencial, propondo que os pobres tivessem direitos, ou seja, que a assistência fosse um dever do Estado, visando extinguir a mendicância. A revolução de 1848 reivindicava, não o direito à assistência, mas o direito ao trabalho que nunca foi garantido na ótica liberal. No bojo da chamada "questão social"[3] do século XIX emerge com força a figura do trabalhador no processo da Revolução Industrial. O trabalhador se inscreve numa relação contratual de troca de força de trabalho por salário direto ou indireto, passando a ser considerado o assalariado quando trabalha ou o beneficiário quando recebe, sem trabalhar, o que pagou previamente, mediatizado por caixas beneficentes, sindicatos, sociedades.

A adaptação ao mundo do trabalho industrial

A categorização do trabalhador e do beneficiário a partir da divisão entre exercício e não exercício do trabalho implica também a categorização do vagabundo, do que não quer trabalhar, ao qual se destina a repressão. É preciso considerar, contudo, que a partir das mudanças tecnológicas, econômicas, políticas, sociais e ideológicas trazidas no bojo das novas formas de produção, através do uso da máquina e de novas condições coletivas de trabalho, que vão ser caracterizadas como fordismo, surge a questão da produtividade, da adaptação do homem não à máquina,[4] às condições sociais e individuais do capitalismo emergente, inclusive à vida urbana, e a seus valores.

O livre comércio, a livre troca implicam também a livre circulação dos trabalhadores no momento da pujança da revolução industrial e da revolução burguesa, tornando o mercado o símbolo do apogeu de uma era de enriquecimento, no entanto, acompanhada de grande empobrecimento. O trabalhador, livre das amarras da servidão, estava entregue a sua sorte. A vaga de repressão àqueles que eram considerados vagabundos (não trabalhadores)[5] se justificava no sentido de forçá-los ao máximo de trabalho com o mínimo de salário. Para vender sua força de trabalho supunha-se que as pessoas pudessem ter êxito numa competição baseada no

---

3. Ver, aqui, o capítulo 2 sobre o Objeto do Serviço Social.

4. Sistematizada por Taylor no início do século XX.5

5. De forma semelhante à exigência de carteira de trabalho para que alguém não seja considerado vagabundo e sobre suspeita pela polícia brasileira nas ruas das grandes cidades.

esforço pessoal e individual com valorização de sua motivação individual. Ao mesmo tempo, e por um longo período, foi proibido aos trabalhadores a sua organização coletiva em nome desse individualismo competitivo, facilitando, evidentemente, o isolamento, o enfraquecimento, a divisão dos trabalhadores e a baixa de salários.

Agentes sociais foram contratados para trabalhar no interior e no exterior das fábricas, seja para estimular os pobres ao trabalho seja para controlar os que não conseguiam se virar na atividade laborativa. Uma nova organização para atender a esta situação social foi emergindo, buscando as causas do fracasso individual, em vez das causas da pobreza. Segundo a ideologia dominante era indispensável ter sucesso através do trabalho.

A obra Mary Richmond nos Estados Unidos (*Social Diagnosis*) é emblemática nesse processo de construção de novas categorias de classificação dos pobres. Não se trata mais de considerá-los bons ou maus, capazes ou incapazes, mas adaptados ou desadaptados.

Os adaptados são aqueles que conseguem viver do seu trabalho com um salário mínimo ou reduzido, conseguindo atender às necessidades de habitação, saúde, educação, alimentação e vestuário, além de reservar um pouquinho para a poupança, além do respeito às normas estabelecidas. É interessante notar que para Mary Richmond trata-se da consagração, tanto para o cliente como para a assistente social, do esforço pessoal. Os desadaptados são, portanto, os que se distanciam das normas sociais, pelo alcoolismo, a droga, a preguiça, a criminalidade, ou por sua falta individual de buscar um trabalho (supondo-se que a oferta deste exista para todos).

A busca das causas (considerada apenas numa relação causa/efeito imediato) dos desvios sociais deveria ser feita no nível psicológico pessoal ou do contexto imediato do indivíduo, na busca de uma alternativa de readaptação. Assim, torna-se incisiva e fundamental a influência direta do assistente social sobre o cliente ou de sua ação indireta sobre o meio para modificar o comportamento dos clientes ou algumas condições do meio, chamado de pernicioso. Era exigida a adaptação a estas condições mínimas ou às normas sociais, centrando-se a ação social seja no indivíduo, seja no meio, seja nas normas — por exemplo, na "normalidade" do casamento, da moral frugal, do "bom operário-padrão".

Esta foi a perspectiva dominante utilizada pelo Serviço Social das agências públicas e privadas, influenciando, até hoje, a constituição dos prontuários dos usuários, em que se pode constatar as marcas de uma concepção adaptativa ou desadaptativa da personalidade ao meio, com observações sobre os defeitos, virtudes, esforços dos indivíduos à vida considerada normal. Este procedimento, aliás, perpassa os dossiês da psicologia, da administração, das relações públicas. A concepção e a prática da normalização ou da etiquetagem dos usuários tem sido, a partir dos anos 60, objeto de inúmeras críticas.[6]

A crise, as guerras, o *Welfare State* e o processo de admissibilidade nos direitos universais e categoriais

As crises econômicas e as guerras propiciam o questionamento das formas de se pensar a sociedade, contribuindo para que emerjam novas categorias de análises. No bojo da grande crise de 1930 questiona-se o papel do Estado[7] e do mercado, estruturando-se, ao mesmo tempo, a garantia de manutenção da exploração salarial e a garantia de direitos a todos que não tivessem trabalho. O "não trabalhar" não é mais visto somente como falha individual, mas questão estrutural. O trabalho, de *per se*, também não é visto como garantia de bem-estar. As mudanças nas políticas sociais se realizam conforme a correlação de forças sociais, e novas práticas de admissibilidade vão se construir através do conceito de mínimos que não prejudiquem nem a motivação para o trabalho e nem interfiram na desigualdade de condições, mas possam diminuir as tensões sociais, assegurando um mínimo de

---

6. Ver, por exemplo, faleiros, V. P. *Metodologia e ideologia do trabalho social.* São Paulo, Cortez, 1981 e *Saber profissional e poder institucional.* São Paulo, Cortez, 1985.

7. Keynes teve importante papel nessa reflexão encarando a crise sob o ângulo da demanda a necessidade da intervenção do Estado para regular o mercado.

sobrevivência da mão-de-obra, dependendo da consolidação da cidadania.

Assim, há uma conjunção de condições (conjuntura) que vão propiciar a emergência de uma nova relação do Estado com o mercado e a sociedade, como a necessidade de se manter a estabilidade do processo de acumulação, a crise dos mecanismos de prestações sociais individuais na dinâmica da universalização do acesso ao direito de voto, propiciada pela democratização e pelo desenvolvimento da cidadania com o acesso a vários civis e políticos. A democratização trouxe também a possibilidade da representação da diversidade de interesses nos parlamentos com a presença de partidos socialistas ou trabalhistas que defendiam melhoras para os trabalhadores.

A intervenção do Estado para estabelecer certos mínimos sociais e de Previdência Social sem, contudo, afetar as transações do mercado e do contrato capitalista de trabalho leva em conta não só o trabalhador como indivíduo isolado e contribuinte, mas também o controle de certo nível de miséria e pobreza pela obrigatoriedade do seguro social. Isto ajuda também a redução das incertezas diante dos riscos de doenças, velhice, acidente, morte e invalidez.[8] O desemprego, também assegurado por uma prestação mínima, não é mais considerado involuntário, fruto da desadaptação, mas da circunstância e da conjuntura. Elaboraram-se normas de admissibilidade, seja para o *segurado* (contribuinte) seja para o *protegido socialmente*, com critérios detalhados nas diversas situações. Os seguros sociais combinam-se com o direito à assistência social em caso de falta de recursos mínimos para a sobrevivência, sendo esta substitutiva ou complementar dos seguros. O próprio trabalho não era mais seguro, mas, de certa forma previsível numa economia em expansão.

Os serviços estatais de assistência e de acesso aos seguros passam a se organizar em função das providências burocráticas e administrativas determinadas por esses critérios, através de séries intermináveis de exigências para o acesso aos direitos estabelecidos:

---

8. Embora o seguro social estatal obrigatório tenha se iniciado com Bismarck na Alemanha em 1883, sua consolidação se dá somente no pós-guerra de 1939/1944.

provas documentais, testemunhas, declarações, preenchimento de formulários, certificados, entrevistas, não só para comprovar a pobreza (em nome da comprovação de rendimentos) mas a identidade, a cidadania, a filiação, o local de moradia, a idade, a condição, o tempo exigido (de serviço, de moradia), a condição civil. Estes critérios ou pré-requisitos, feitos em nome do combate às fraudes ou da objetividade, não contribuem sempre para incluir os mais pobres que não têm condições mínimas para ter condições mínimas garantidas. Ficam de fora das admissibilidades.

Deve-se considerar, contudo, que a mudança radical do sistema de tratamento caso a caso para uma inclusão burocrática, criteriosa e genérica permitiu a ampliação do acesso à cidadania, em alguns casos freou, mas não diminuiu a desigualdade fundamental das classes sociais e nem sempre ampliou a eqüidade.

Essas mudanças econômicas, políticas e ideológicas provenientes da democratização, da ampliação da cidadania e do processo de produção fordista de massa foram configurando categorias de inclusão e exclusão social. As duas grandes guerras tiveram profundas conseqüências na vida e na sobrevivência das pessoas, produzindo não só políticas específicas para proteção de viúvas, órfãos e ex-combatentes, mas para uma massa ampla de população que deveria ser incluída ou inserida na cidadania e nos mecanismos de proteção do Estado de Proteção Social (*Welfare State*).

Não só a inclusão e admissibilidade dos segurados foi estruturada, mas os mecanismos de colocação, circulação e inserção de milhões de pessoas a uma renda mínima ou a outras formas de proteção como famílias substitutas, adoção, acesso a habitação, subvenção ao transporte, formação profissional, entre outras.

Desta forma, as políticas sociais expandem seu campo de aplicação àqueles que não podem trabalhar e favorecem sua inserção no trabalho assalariado, na preparação para este trabalho e no consumo coletivo ou individual de bens e serviços destinados a favorecer as condições sociais e econômicas da vida urbana ou da sobrevivência no campo. As políticas de saúde e educação se consolidam ao mesmo tempo que serviços especializados, em razão da idade (crianças e idosos), deficiência física ou mental, gênero, raça, constituindo-se um processo de garantia de certos direitos que permitem a inclusão ou inserção social de certas categorias sociais consideradas mais desiguais ou excluídas. Muitas destas inserções devem-se a movimentos e lutas de mulheres, imigrantes, negros, ecologistas, homossexuais, doentes, jovens, crianças.

Neste processo de luta não só as condições de trabalho ou de desemprego são consideradas causas da exclusão, mas as relações sociais complexas que impedem o desenvolvimento da cidadania. Isto não significou sempre um questionamento da sociedade capitalista no seu conjunto, mas o questionamento das desigualdades sociais econômicas e políticas que podem ser resolvidas através de uma maior intervenção de agentes sociais inseridos em políticas estatais, que vão se desdobrando de acordo com uma agenda definida pela correlação de forças sociais. Os direitos se definem pela pressão social e incorporação ou retirada da legislação nesta correlação de forças (ver Faleiros, 1980). As categorias de incluídos ou excluídos de determinados direitos passam a ter maior relevância que as que se referem aos admissíveis e inadmissíveis, pois se trata de uma referência básica geral para a defesa de direito e não de um procedimento administrativo.

É através da constituição de direitos à pré-escola, à formação profissional, à assistência social, à saúde e outros que se abre a possibilidade de implantação de uma política maciça e pública menos burocrática e mais universal. Isto não descarta a formulação de critérios específicos para a acessibilidade de certas categorias específicas como desalojados, mães chefe de família, idosos, desempregados e jovens a determinados serviços e políticas, seja de forma objetiva (idade) seja pelo exame da situação. Assim, a comprovação da idade passa a ser mais importante que a comprovação da pobreza, ou vice-versa, de acordo com as políticas estabelecidas para atendimento. Os critérios se cruzam, podendo alguns ser transversais à situação de renda, outros privilegiam as condições de pobreza. Os primeiros são genéricos, de massa, garantindo aos pobres, no entanto, um mínimo generalizado como certas alocações de velhice (por idade) em certos países. A desigualdade de condição, no entanto, continua mantida.

O acesso, entretanto, a esses mínimos genéricos não configura de *per se* a propalada igualdade de oportunidades, pois as políticas de inclusão têm no mínimo um teto, e para alcançá-los é preciso ter as condições de conhecimento, de informação, de disponibilidade de tempo, de cultura, de roupa, de linguagem para poder ser inserido no processo de inclusão. A vergonha de ser considerado pobre, a estigmatização cultural social são empecilhos ao acesso aos mínimos sociais.

A definição de tetos e mínimos combinada com processos de comprovação de recursos e critérios de idade e condição tornou complexa a categorização dos pobres e do atendimento social, exigindo um aprofundamento da questão para o desenvolvimento da cidadania e da eqüidade, não sua simplificação, como propõe o neoliberalismo, a seguir mais bem situado.

A eqüidade horizontal considera apenas a possibilidade do atendimento igual a todos, enquanto que a eqüidade vertical visa a privilegiar os mais excluídos, implementando, por exemplo, ações afirmativas para garantir aos mais pobres um nivelamento de acesso às políticas sociais. A inclusão implica uma série de medidas e uma gestão do social flexível e complexa, descentralizada e adaptada aos que têm direito a ela em vez de adaptar os usuários às normas vigentes. Do contrário criam-se formas de se manter a exclusão através dos mecanismos destinados à inclusão social, com efeitos perversos sobre os usuários.

Tecnologia, consumo, competição, globalização

A produção econômica baseada no aumento da produtividade e da competitividade desenfreadas em busca do lucro em nível do planeta desencadeou um processo de questionamento da intervenção estatal em defesa da inclusão generalizada, não só em função de critérios econômicos mas também políticos. Economicamente as grandes empresas e grandes organizações passaram a suprimir milhões de empregos em pouco tempo, sem, contudo, diminuir a produtividade, estabelecendo a produção de acordo com o preço das mercadorias e da mão-de-obra em nível mundial. As pessoas ao perderem o emprego, ou o assalariamento, também perderam a base de garantia dos seguros e se fragilizaram em relação aos dispositivos de proteção social e de oportunidades então vigentes.

O Estado, por sua vez, perdeu força ante as organizações multinacionais, e arcando com grandes déficits passou a privilegiar as condições gerais de financiamento das grandes despesas financeiras e de serviços ao funcionamento das empresas e a deixar em segundo plano toda uma série de políticas universais tal como vinham sendo praticadas para toda a massa de população. Visões conservadoras atribuem à própria universalização esta crise de financiamento do Estado, propugnando por uma política de focalização em certas categorias e condições e também defendendo a troca de sobrevivência (através de benefícios sociais) por inserção numa atividade social ou produtiva, relembrando os velhos tempos da *workhouse*. Nesse contexto, categorizam-se os pobres de acordo com sua preparação para enfrentarem a competitividade e a concorrência: com *empregabilidade* e sem empregabilidade, preparados ou despreparados individualmente. O conceito de empregabilidade se centra no indivíduo e destrói o sentimento de pertencimento às comunidades locais e de união e apoio da própria família.

Os empregos industriais e em serviços se deslocam de um lugar para outro, são constantemente redefinidos (reengenharias) e de maneira muito rápida, exigindo uma constante flexibilização da mão-de-obra. Os direitos sociais, no entanto, não se globalizaram no mesmo ritmo que a produção multinacional, embora haja tentativas no interior dos blocos econômicos regionais para que isto possa vir a acontecer.[9] Os trabalhadores não dispõem do mesmo poder de articulação internacional que os empresários e as multinacionais.

Ter empregabilidade implica uma certa polivalência, escolaridade, condições de renda, conhecimentos, inclusive lingüísticos, e que não foram acessíveis aos pobres através das políticas vigentes, que têm privilegiado as classes médias. Na política educacional, por exemplo, os mais pobres não têm a mesma chance de permanência e progressão que os filhos das classes médias. Mesmo esta política de universalização genérica, mas não efetivada na prática, vem sendo, hoje, duplamente questionada:

---

9. Nem a Comunidade Européia elaborou, até 1996, uma garantia comum de direitos sociais em todos os setores.

enquanto geradora de gastos sociais em benefícios gerais que criariam dependência (prejudicando a disponibilidade para o trabalho) e enquanto ineficiência para o acesso e a preparação ao mercado (prejudicando a empregabilidade). Os pobres, mais uma vez, passam a ser culpabilizados por sua despreparação às exigências e formas do processo de acumulação capitalista.

Ao mesmo tempo, a sociedade faz um apelo ao máximo de consumo, garantido por um sistema de crédito manipulado por grandes companhias financeiras e, não raro, especuladoras. O marketing enfatiza, não as necessidades mas os objetos fabricados através de "imagem da marca", veiculados pelo meios de comunicação e principalmente pela televisão, que estimula constantemente o apetite de consumir o mais moderno, o mais fácil, o mais sedutor, o mais bonito na busca de símbolos do prazer e da felicidade. Além disso, os produtos têm uma duração limitada, ou seja, uma obsolescência programada para que o consumidor tenha de adquirir um outro sem sequer opção de conserto.

Aprofunda-se a distância entre o sonho vendido e a realidade do desemprego. No interstício entre sonho e realidade funcionam traficantes de drogas, consumo de medicamentos antidepressivos, fabricação de ilusões políticas populistas e religiosas, aproveitando as frustrações dos que não podem ter acesso às ilusões apregoadas, ao marketing. Há os que se refugiam no desespero ou no aferramento a tradições étnicas[10] e mesmo racistas. A crise tem um novo caráter: não é só emprego que está em questão mas as raízes da identidade social, exigindo uma análise muito mais profunda que aquela perfilada nas categorias de empregabilidade.

O descompromisso do Estado

A inserção nas atividades precárias ou nos poucos empregos criados tem exigido das pessoas mais trabalho e preparação para conseguir sobreviver, devendo sujeitar-se a trabalhos mal-remunerados, transitórios, informais, terceirizados ou à margem de toda garantia legal, e às vezes prejudiciais e antiéticos. A exclusão

---

10. Inclusive através de guerras e enfrentamentos étnicos.

vem sendo aprofundada tanto nas relações econômicas como nas culturais e políticas, apesar de existir, por parte do Estado, algumas iniciativas pontuais para combatê-la. No conjunto, o Estado neo-liberal tem como base estratégica de ação a redução dos direitos trabalhistas, previdenciários e de proteção social. Aumenta a dificuldade de acesso aos direitos universais: as alocações sociais familiares não são mais consideradas universais, o direito à Previdência é reduzido, os programas sociais específicos são cortados. Faz-se apelo à auto-organização da população, ao auto-aperfeiçoamento, ao esforço individual para capacitação. Na realidade volta-se a considerar os pobres como merecedores (com mérito) ou não merecedores (sem mérito), esforçados e não esforçados em conseguir a sua própria empregabilidade ou geração de renda.

Nessa dinâmica, trabalhar a reinserção social implica considerar a contradição entre a produção do desemprego de massa e o desengajamento ou descompromisso do Estado, e a contradição entre a produção simbólica do consumo e a realidade da exclusão, o que não se faz sem sofrimento e luta pelo poder. O apelo à auto-organização dos jovens, das minorias é, por sua vez, uma faca de dois gumes, já que pode possibilitar um germe de contra-hegemonia. Nesse sentido, abre-se um processo de auto-conhecimento da população, de interação entre as pessoas e também de organização e pressão por seus interesses e direitos, numa dinâmica de confronto. Esta dinâmica se torna mais difícil diante da precariedade em que vivem os grupos mais pobres, prisioneiros da sobrevivência, das necessidades imediatas. O contrapoder precisa ser construído com teorias, informação, estratégias, organização. Se, por um lado, esta construção é difícil em razão das condições de vida, por outro, o é também pelo imaginário coletivo do individualismo, da competição, da ruptura com as referências da ação coletiva comum.

A hegemonia dos grupos dominantes se constrói com a direção dada pelo bloco no poder no sentido de responsabilizar a população pelo seu próprio êxito ou fracasso, deixando de lado, escamoteando, ocultando as causas ou condições estruturais da pobreza e da miséria. No contexto da chamada responsabilização do indivíduo, da família ou da comunidade, aos pobres cabe somente o engajamento na participação da gestão limitada de sua vida cotidiana ou nos projetos feitos de cima para baixo. Os contratos de gestão feitos através das parcerias são negociados, muitas vezes, de forma privada para atender interesses clientelistas, eleitoreiros, de grupos econômicos ou burocráticos (de ONGs, por exemplo), sem envolver a participação efetiva dos mais pobres. Muitas vezes os custos de serviços prestados são transferidos aos pobres, que devem pagar juros aos empréstimos que lhes são feitos para implementar esses mesmos serviços, hoje através de sistemas chamados de "microcrédito". Isto não invalida a discussão sobre o "empresariamento" dos mais pobres no sentido de desenvolver e ampliar sua autonomia e, evidentemente, colocar em questão sua dependência das agências de crédito e de intermediação de assessorias.

A análise dos orçamentos do Estado pode mostrar a evolução da percentagem de dinheiro destinada aos mais pobres comparada, por exemplo, àquela destinada ao pagamento da dívida, ao auxílio a bancos falidos, ao subsídio de empresas, aos megaprojetos do capital. Os projetos para os pobres, nesta lógica, não se referem mais ao "fundo perdido", mas aos critérios da rentabilidade, descartando-se a ideologia da solidariedade e da redistribuição. Projetos de solidariedade precária podem ser até inventados nos moldes da entrega de alimentos (cestas básicas), campanhas de agasalho, funcionando para alguns como simulacros, mas podendo até, para outros, responder a iniciativas de "boa vontade". O discurso da solidariedade se tornou oficial em alguns países, como México e Brasil, sem que, contudo, se ampliasse a cidadania através deles. Continuaram a velha política clientelista de distribuição de cestas básicas em troca de legitimação. Esta política de focalização, em oposição aos direitos universais, se inscreve na ótica clientelista. Não visa realmente possibilitar novas condições de vida mas manter as condições existentes. A universalização é uma nova condição para o sujeito inserir-se na cidadania, tornar-se menos desigual.

A concepção do "social" como dívida da sociedade ou do Estado para com os mais pobres, possibilitando-lhes a sobrevivência, vem sendo substituída pelo chamado *workfare* ou obrigação de exercer um trabalho ou atividade em troca de uma prestação social,[11] numa conjuntura em que o emprego é um recurso escasso. Os benefícios sociais são estigmatizados por estimular a acomodação e a dependência[12] dos pobres desses benefícios, retirando-lhes, por exemplo, a iniciativa de buscar emprego. A categorização de direito ao benefício vem sendo substituída pela de *inserido* em programas, o que é aleatório, como o auxílio social. Os programas são, na maioria das vezes, temporários, flutuantes, baseados em critérios *ad hoc*, desconsiderando os direitos adquiridos. O inserido hoje pode não sê-lo amanhã. A segurança social dos admissíveis, segundo critérios públicos, vem sendo modificada pelos inseridos temporários. A admissão era considerada permanente para os que a obtinham.

Mínimos sociais como campo de luta, e categorias de resistência: cidadania e eqüidade

As situações são dinâmicas e as resistências podem mudar a correlação de forças. Para isto podem contribuir os profissionais da área social, considerando o processo, o resultado e os interesses em jogo. A defesa de direitos é uma categoria de resistência que tem espaço na construção da cidadania, na operacionalização da efetivação das garantias legais através de dispositivos públicos como a defensoria pública, o Ministério Público ou de ações privadas no âmbito dos recursos internos e da Justiça Comum.

Alguns instrumentos de defesa têm sido renovados como os referentes ao consumidor, aos doentes físicos e mentais, aos usuários da assistência social, mas ainda estão longe dos mais pobres. Se o campo da política social está atravessado pelas idéias da responsabilização, a defesa de mínimos sociais, da alocação universal, da renda mínima é parte do campo da solidariedade e da redistribuição. As formas concretas de operacio-

---

11. Esta prestação pode ser indireta, através de subsídios aos empresários para contratação de jovens ou de beneficiários da assistência social.

12. Ver essa crítica conservadora em nosso trabalho "As reformas da seguridade social" a ser publicado pela *Revista do Mestrado em Política Social* da UnB e em "Questões presentes para o futuro" in *Serviço Social & Sociedade* nº 50, dezembro de 1996.

nalizá-lo vão além da implantação de novas leis, implicando a construção de laços sociais, de redes articuladas de atendimento, de reprocessamento dos programas de inserção através de uma dinâmica coletiva.

A construção de redes de informação, de apoio, de bancos de dados, vai permitindo a consolidação da categoria de cidadão como base de toda relação com os pobres em função da igualdade, e, principalmente, da eqüidade, perante a lei. A eqüidade horizontal deve ser reforçada com a eqüidade vertical que favorece, justamente, os mais excluídos. Estar inserido em um programa não significa, de *per se*, um processo equânime, mas pode ser um instrumento para isto. Ou seja, a categoria de eqüidade deve ser combinada à de cidadania nos processos de trabalho social, desenvolvendo-se a crítica à estigmatização, à normalização, à etiquetagem,[13] à categorização excludente.

Os usuários dos serviços sociais passarão por análises de recursos e de comportamento, conforme as legislações pertinentes, mas ser pobre, explorado, dominado não exclui, justamente, a cidadania. É a partir dela que se podem construir indicadores de desigualdade e indicadores de exclusão social que permitam analisar a situação e desenvolver *indicadores de processo* de mudança da situação. As categorias estáticas que vimos analisando precisam ser substituídas por categorias de processo, vendo-se o desenvolvimento da força, da autonomia, da identidade, da auto-estima dos dominados,[14] como é proposto em outros capítulos deste livro.

A ruptura com a classificação estática dos pobres, definidas pelas normas, implica um paradigma de trabalho voltado para o processo, para a consideração do sujeito enquanto ator social e não como número, objeto de uma divisão em séries, pavilhões (por exemplo, os provisórios e os permanentes), espaços, notas, moralidade, raça, gênero, respeitando-se, é claro, as especificidades de poder que esses atores definem para si mesmos em

---

13. Conforme já o indicamos em *Saber profissional e poder institucional*. São Paulo, Cortez, 1985.

14. Ver neste livro o capítulo 3, "O paradigma da correlação de forças".

sua relação de poder. A ótica feminista de trabalho social poderá defender ações para fortalecer o poder das mulheres em suas relações sociais.

Desvelamento e denúncia: a voz dos pobres

O trabalho em processo e não em formas estáticas e o processo de crítica implicam o desvelamento dos excluídos e das complexas mediações da exclusão em vez de consagrá-las nas categorizações. A produção crítica de categorias implica considerar a sociedade como, ao mesmo tempo, contradições e confrontos de interesses, ação comunicativa e transformação de situações. As categorizações ou classificações resultam das relações de poder entre dominantes e dominados, do processo de interação e construção da comunicação e do imaginário inserido nessas relações e das reações e contra-reações que transformam as situações.

O véu de ignorância que perpassa as relações entre usuários e programas só pode ser desvelado com o aprofundamento do conhecimento dessas relações, tornando a exclusão uma chaga visível no tratamento diário da mesma. Considerar usuários do atendimento à saúde como "jacarés" (que ficam inertes à beira das camas nos corredores) em muitos hospitais públicos é a negação de sua cidadania. O conhecimento está envolto em comunicação, em ação comunicativa, que pode ser um poderoso instrumento, não só de visibilidade, mas de mudança da situação pela transparência dos critérios, das mazelas do serviço, do fluxo do atendimento, das classificações dos problemas, definindo-se claramente, por exemplo, o grave e agudo, o prioritário e o secundário.

Este desvelamento e esta denúncia só poderão acontecer através da voz dos dominados e excluídos que precisam participar das considerações que se constroem sobre eles. O trabalho da voz do dominado pode ser o canto, a expressão, a reclamação, a denúncia na imprensa e na televisão, o recurso, a assembléia, o grupo, a queixa, a entrevista, contanto que a fala tenha seu lugar garantido. É preciso que se garanta a fala e o lugar da fala para que esta tenha expressão e força.

Bibliografia

Capítulo 1

AMMAN, Safira Bezerra. *Ideologia do desenvolvimento de comunidade no Brasil*. São Paulo, Cortez, 1980.

BARTLETT, Harriet. *A base do serviço social*. São Paulo, Pioneira Editora, 1979.

CBCISS. *Documento de Teresópolis: metodologia do Serviço Social*. Rio de Janeiro, CBCISS, 1970, suplemento n° 4.

FALEIROS, Vicente de Paula. Infância e processo político no Brasil. In: RIZZINI, Irene e PILOTTI, Francisco (orgs.). *A arte de governar crianças*. Rio de Janeiro, Editora Santa Úrsula, 1995.

_____. Serviço Social: questões presentes para o futuro. *Serviço Social & Sociedade*, XVII (50): 9-39, São Paulo, Cortez, 1996.

IAMAMOTO, Marilda Villela e CARVALHO, Raul de. *Relações sociais e Serviço Social no Brasil*. São Paulo, Cortez, 1982.

MACEDO, Myrtes de Aguiar. *Reconceituação do Serviço Social*. São Paulo, Cortez, 1981.

MANRIQUE, Manuel. *De apóstoles a agentes de cambio*. Lima, CELATS, 1982.

MARX, K. *Le capital*. Paris, Éditions Sociales, 1990.

NETTO, José Paulo. Transformações societárias e Serviço Social. *Serviço Social & Sociedade*, XVII (50): 87-132, São Paulo, Cortez, 1996.

PINHEIRO, Maria Esolina. *Serviço Social — Documento histórico*. São Paulo, Cortez, 1985 (retomando edição de 1939).

WANDERLEY, Mariangela Belfiore. *Metamorfoses do desenvolvimento de comunidade*. São Paulo, Cortez, 1993.

Capítulo 2

ABESS/CEDEPSS. Proposta básica para o projeto de formação profissional. *Serviço Social & Sociedade*, XVII (50): 143-71. São Paulo, Cortez, abr. 1996.

BACKX, Sheila de Souza. *Serviço Social. Reexaminando sua História*. Nilópolis, JC Editora, 1994.

BAPTISTA, Myrian Veras. A superação dos limites da prática no cotidiano. *Cadernos Técnicos*, (21): 51-5, Brasília, SESI, 1995.

BARREIX, Juan et alii. *Historia del trabajo social*. Buenos Aires, ECRO, 1972.

BOURDIEU, Pierre e WACQUANT, Loïc J. D. *Réponses*. Paris, Seuil, 1992.

CASTEL, Robert. *A gestão dos riscos*. Rio de Janeiro, Francisco Alves, 1987.

COSTA, Suely Gomes. A "invenção de tradições": a proteção social e os cursos de graduação em Serviço Social. *Serviço Social & Sociedade*, XVI (48): 58-68, São Paulo, Cortez, ago. 1995.

DIAS, Maria Esther B. *Dialética do cotidiano*. São Paulo, Cortez, 1982.

D'INTIGNANO, Béatrice Majoni. *La protection sociale*. Paris, Editions de Fallois, 1993.

DONZELOT, Jacques. *L'invention du social*. Paris, Fayard, 1987.

FALEIROS, Vicente de Paula. Espaço institucional e espaço profissional. *Serviço Social & Sociedade* I (1), São Paulo, Cortez, 1979.

_____. *Metodologia e ideologia do trabalho social*. São Paulo, Cortez, 1981.

FREYNET, Marie France. *Les médiations du travail social*. Lyon, Chronique Sociale, 1995.

IAMAMOTO, Marilda Villela e CARVALHO, Raul de. *Relações sociais e Serviço Social no Brasil*. São Paulo, Cortez, 1982.

KAHN, Alfred. *O Serviço Social no mundo moderno*. Rio de Janeiro, Agir, 1972.

LEÃO XIII. *Encíclica Rerum Novarum. Condição dos Operários*. Petrópolis, Vozes, 1980.

LOPES, Josefa Batista. *Objeto e especificidade do Serviço Social — pensamento latino-americano*. São Paulo, Cortez & Moraes, 1979.

MACIEL, Marina e CARDOSO, Franci Gomes. Metodologia do Serviço Social: a práxis como base conceitual. *Cadernos ABESS*, 3. São Paulo, Cortez, 1989.

MARTIN, D. e ROYER, P. *L'intervention institutionnelle en travail social*. Paris, L'Harmattan, 1987.

MARX, Karl. *Les luttes de classes en France-1848-1850*. Paris, Editions Sociales, 1974.

MARX, Karl e ENGELS, F. *Manifeste du Parti Communiste*. Moscou, Editions Du Progrès, 1973.

MOTA, Ana Elizabete da. *O feitiço da ajuda*. 3ª ed. São Paulo, Cortez, 1991.

NETTO, José Paulo. *Capitalismo monopolista e Serviço Social*. São Paulo, Cortez, 1992.

PORZECANSKI, Teresa. Novos enfoques sobre objetivos e filosofia do Serviço Social. *CBCISS* IX-111, Rio de Janeiro, CBCISS, 1979.

ROSANVALLON, Pierre. *La nouvelle question sociale. Repenser l'État Providence*. Paris, Seuil, 1995.

SILVA, Maria Ozanira Silva e (coord.). *O Serviço Social e o popular: resgate teórico-metodológico do projeto profissional de ruptura*. São Paulo, Cortez. 1995.

SIMIONATTO, Ivete. *Gramsci: sua teoria, incidência no Brasil, influência no Serviço Social*. São Paulo, Cortez/ Florianóplis, UFSC, 1995.

Capítulo 3

ANTUNES, Ricardo. *Adeus ao trabalho. Ensaio sobre as metamorfoses e a centralidade do mundo do trabalho*. São Paulo, Cortez/Unicamp, 1995.

BERTAUX, Daniel. Fonctions diverses des récits de vie dans le processus de recherche. In: DESMARAIS, Danielle e GRELL, Paul. *Les récits de vie*. Montréal, Editions St Martin, 1995.

BERTAUX-WIAME, Isabelle. La promotion du quotidien. In: FRITSCH, Phillipe (dir.). *Le sens de l'ordinaire- Colloque "Quotidienneté et Historicité"*. Paris, Editions du CNRS, 1983, pp. 47-53.

BILODEAU, Guy et alii. Méthodologie de l'Intervention sociale et interculturalité. *Service Social* 42(1): 25-48, Québec, Université Laval, 1993.

BOURDIEU, Pierre e WACQUANT, Loïc J. D. *Réponses*. Paris, Seuil, 1992.

BOURDIEU, Pierre. *Raisons pratiques. Sur la théorie de l'action*. Paris, Seuil, 1994.

CARVALHO, Alba Maria Pinho de. *A questão da transformação e o trabalho social*. São Paulo, Cortez, 1984.

CASTEL, Robert. Les pièges de l'exclusion. *RIAC/IRCD* (34): 13-22, Montréal, 1995.

CEPAL. *Equidad y transformación productiva: un enfoque integrado*. Santiago do Chile, CEPAL, 1992.

DI NICOLA, Paola. Profil sociologia des réseaux sociaux primaires. In: SA-NICOLA, Lia (org.). *L'intervention de réseaux*. Paris, Bayard, 1994, pp. 108-33.

DOIMO, Ana Maria. *A vez e a voz do popular. Movimentos sociais e participação política no Brasil pós-70.* Rio de Janeiro, Relume-Dumará: ANPOCS, 1995.

ENRIQUEZ, E. Da formação e da intervenção psicossociológicas. In: LEVY, André et alii. *Psicossociologia, análise social e intervenção.* Petrópolis, Vozes, 1994.

FALEIROS, Vicente de Paula. Serviço Social: questões presentes para o futuro. *Serviço Social & Sociedade* XVII (50): 9-39, São Paulo, Cortez, abril de 1996.

_____. *Saber profissional e poder institucional.* São Paulo, Cortez, 1985.

FREYNET, Marie France. *Les médiations du travail social.* Paris, Chronique Sociale, 1995.

HIRSCHMAN, Albert. *Saída, voz e lealdade.* São Paulo, Perspectiva, 1973.

ION, Jacques. *Le travail social à l'épreuve du territoire.* Paris, Privat, 1990.

LEE, Judith A. B. *The empowerment approach to social work practice.* New York, Columbia University Press, 1994.

LÉONETTI, I. Taboada. Les stratégies de réponse. In: GUALEJAC, V. e LÉONETTI, I. Taboada. *La lutte des places.* Paris, Desclée de Bouwer, 1994.

MARTINS, José de Souza (coord.). 1996 *Henri Lefebvre e o retorno da dialética.* São Paulo, Hucitec, 1996.

MOREAU, Maurice et alii. *Empowerment II — Snapshots of the structural approach in action.* Ottava, School of Social Work, Carleton University, 1993.

MOREAU, Maurice. *Empowerment through a structural approach to social work. A report from practice.* Montreal, École de Service Social, Université de Montreal, 1989.

_____. L'approche structurelle en travail social: implications pratiques d'une approche intégrée conflictuelle. *Service Social* 36(2 e 3): 227-47, Québec, Université Laval, 1987.

NEGREIROS, Maria Augusta G. *As representações sociais da profissão de Serviço Social.* Lisboa, Instituto Superior de Serviço Social, 1995.

PONTES, Reinaldo Nobre. *Mediação e Serviço Social.* São Paulo, 1995.

RAICHELIS, Raquel. *Legitimidade popular e poder público.* São Paulo, Cortez, 1988.

ROTELLI, Franco. A instituição inventada. In: NICÁCIO, Fernanda (org.). *Desinstitucionalização,* São Paulo, Hucitec, 1990.

SANICOLA, Lia (org.). *L'intervention de réseaux.* Paris, Bayard, 1994.

SARTRE, Jean-Paul. *Questão de método.* São Paulo, Difel, 1979.

SIMIONATTO, Ivete. *Gramsci: sua teoria, incidência no Brasil, influência no Serviço Social.* São Paulo, Cortez, 1995.

ZUÑIGA, Ricardo. *L'évaluation dans l'action.* Intervenir. Montreal, PUM, 1992.

Capítulo 4

DOYAL, Len e GOUGH, Ian. *A theory of human need.* Londres, Mcmillan, 1991.

FALEIROS, Vicente de Paula. *Saber profissional e poder institucional.* São Paulo, Cortez, 1985.

OLIVEIRA, Eliana Rocha. *Viver e morrer nas ruas.* Rio de Janeiro, FGV, IESAE, 1993.

PALMA, Eloisa Pizarro de et alii. *Que es trabajo social.* Lima, Ediciones CELATS, 1981. (O livro reproduz a fundamentação e o projeto curricular das Escuela de Trabajo Social da UCV, publicado originalmente em 1972.)

SANTOS, Boaventura dos. *Introdução a uma ciência pós-moderna.* Rio de Janeiro, Graal, 1989.

Capítulo 5

CAVALCANTE, Tânia L. Vasconcelos. Ajustamento e transformação. *Serviço Social & Sociedade* V (15): 44-67, São Paulo, Cortez, 1984.

COLLEN Paulo. *Mais que a realidade.* São Paulo, Cortez, 1987.

FAORO, Raymundo. A aventura liberal numa ordem patrimonialista. *Revista USP* (17): 14-29, São Paulo, 1993.

LOPES, Josefa Batista. *Objeto e especificidade do Serviço Social.* São Paulo, Cortez & Moraes, 1982.

NETTO, José Paulo. *Capitalismo monopolista e Serviço Social.* São Paulo, Cortez, 1992.

Capítulo 6

ARGUMEDO, M. Em busca de uma metodologia de ação institucional. In: BRANDÃO, C. R. *Repensando a pesquisa participante.* São Paulo, Brasiliense, 1984, pp. 189-223.

BARTHES, R. *Mitologias.* São Paulo, Difel, 1982.

BASAGLIA, F. *A psiquiatria alternativa.* São Paulo, Brasil Debates, 1979.

_____. *A instituição negada.* Rio de Janeiro, Graal, 1985.

BEZERRA, A. e GARCIA, P. B. *Conversando com os agentes/Saber popular/Educação popular.* Petrópolis, Vozes, 1982, Cad. de Educação Popular n° 3.

BILODEAU, G. Por uma relação de aliança entre trabalhador social e cliente. *Serviço Social & Sociedade* VII (21): 115-35, São Paulo, Cortez, 1986.

BRAGER, G. *Helping and influencing some political elements for organizational change*. New York, Columbia University, traduzido para o francês por Justin Levesque e publicado pela École de Service Social de l'Université de Montréal, em 1972.

BRAKE, M. e BAILEY, R. (orgs.). *Radical social work and practice*. Londres, Edward Arnold, 1980.

BRANDÃO, C. R. A participação da pesquisa no trabalho popular. In: BRANDÃO, C. R. *Repensando a pesquisa participante*. São Paulo, Brasiliense, 1984, pp. 223-52.

BRAVO GARCIA C. et alii. *Capacitación grupal*. Buenos Aires, Humanitas, 1987.

CELATS. *Serviço Social Crítico. Problemas e perspectivas*. São Paulo, Cortez, 1985.

COLLEN, Paulo. *Mais que a realidade*. São Paulo, Cortez, 1987.

CONCEIÇÃO, F. *Cala a boca Calabar*. Petrópolis, Vozes, 1986.

COSTA e WEID, B. von der. *Para analisar uma prática de educação popular*. Petrópolis, Vozes, 1982.

CORRIGAN, P. et alii. *Serviço de Bem-Estar socialista*. Rio de Janeiro, Zahar, 1983.

DEMO, P. Participação é conquista. In: BROMLEY, R. e BUSTELLO, E. *Política x Técnica no planejamento*. São Paulo, Brasiliense, 1982.

DURHAM, E. R. et alii. *A aventura antropológica*. Rio de Janeiro, Paz e Terra, 1986.

FALCÃO, M. C. Um movimento popular. *Cadernos Práxis* nº 1, São Paulo, Cortez, 1983.

FALEIROS, Vicente de Paula. Assistência e estratégias de combates à pobreza. *Polêmica*, nº 1, CRESS, Belém, 1997 (retoma um texto de 1987).

FAUSTO, R. *Marx, lógica e política*. São Paulo, Brasiliense, 1987.

FOUCAULT, M. *Microfísica do poder*. Rio de Janeiro, Graal, 1979.

FREITAG, B. *A teoria crítica ontem e hoje*. São Paulo, Brasiliense, 1986.

GRAMSCI, A. *Concepção dialética da história*. Rio de Janeiro, Civilização Brasileira, 1981.

_____. *Os intelectuais e a organização da cultura*. Rio de Janeiro, Civilização Brasileira, 1978.

HABERMAS, J. *Dialética e hermenêutica*. Porto Alegre, L&PM, 1987.

IANNI, O. *Construção de categorias*. São Paulo, PUC/SP, transcrição de aula na Pós-Graduação em Ciências Sociais, 1986.

LEFORT, C. *Les formes de l'histoire*. Paris, Gallimard, 1978.

LIMA, S. A. B. *A participação social no cotidiano*. São Paulo, Cortez, 1980.

LÖWY, M. *Ideologias e Ciência Social.* São Paulo, Cortez, 1985.

MAFESOLI, M. *O tempo das tribos.* Rio de Janeiro, Forense Universitária, 1987.

MAQUIAVEL, N. *O príncipe. Escritos Políticos.* São Paulo, Abril Cultural, Os pensadores, 1979.

MEDINA C. A. *Participação e trabalho social.* Petrópolis, Vozes, 1978.

MOFFAT, A. Loucura versus comunidades alternativas. In: BARBERIS, D. *et alii. Los derechos humanos en el "otro" país.* Buenos Aires, SASID/Puntosur, 1987, pp. 83-132.

MOREAU, M. O enfoque estrutural em Serviço Social; o resultado de um itinerário crítico. *Serviço Social & Sociedade* VIII (23): 45-67, São Paulo, Cortez, 1987.

OLIVEIRA, F. *O elo perdido classe e identidade de classe.* São Paulo, Brasiliense, 1987.

PATTI, R. e RESNICK, H. Changing the agency from within. *Social Work* 17 (4): 48-57.

PRIETO, M. *et alii.* Organización y promoción de la mujer en barrios populares de quito: la experiencia o la primavera. In: QUIROZ, T. et alii. La sistematización en el trabajo social. *Nuevos cuadernos CELATS* nº 11, Lima, CELATS, 1987.

QUIROZ, T. et alii. La sistematización en el trabajo social. *Nuevos cuadernos CELATS* nº 11, Lima, CELATS, 1987.

SARTRE, J. P. *Questão de método.* São Paulo, Difel, 1979.

SCANDIAN, M. N. O conceito de participação social na perspectiva de integração e de transformação social. *Serviço Social & Sociedade* III (9), São Paulo, Cortez, 1982.

SILVA, M. O. S. e SOUZA, S. S. Prática de investigação/ação. *Caderno Práxis* nº 2, São Paulo, Cortez, 1984.

SIPE, R. B. Thérapie radicale e psycho-politique. *Bulletin du Collectif d'Intervenantes Féministes pour la Santé Mentale.* Montréal, fev. 1983, mimeo.

SPOSATI, A. O. Participação e o pôr-se em movimento. *Serviço Social & Sociedade* III (9), São Paulo, Cortez, 1982.

STARLING, H. M. M. *O problema de Alice.* (As noções de virtude e fortuna e seu desdobramento na teoria política). Rio de Janeiro, IUPERJ, Série Estudos nº 88, 1987.

STEIN, E. Dialética e hermenêutica: uma controvérsia sobre método em filosofia. In: HABERMAS, J. *Dialética e hermenêutica.* Porto Alegre, L&PM, 1987.

Capítulo 7

ABESS. A metodologia do Serviço Social. *Cadernos ABESS* nº 3. São Paulo, Cortez, 1989.

ANDER-EGG, Ezequiel. *Metodologia del trabajo social.* Barcelona, El Ateneo, 1982.

BRODEUR, Claude e ROUSSEAU, Richard. *L'intervention de réseaux, une pratique nouvelle.* Montréal, France-Amérique, 1984.

CARVALHO, Alba Maria Pinho de. *A questão da transformação e o trabalho social.* São Paulo, Cortez, 1983.

FALEIROS, Vicente de Paula. *Saber profissional e poder institucional.* São Paulo, Cortez, 1985.

_____. A questão da assistência social. In: *Serviço Social & Sociedade* X (30): 109-26, São Paulo, Cortez, 1989.

GRAMSCI, Antonio. *Os intelectuais e a organização da cultura.* Rio de Janeiro, Civilização brasileira, 1979.

IAMAMOTO, Marilda Villela e CARVALHO, Raul de. *Relações sociais e Serviço Social no Brasil.* São Paulo, Cortez, 1982.

KISNERMANN, Natalio. *El método: intervención transformadora.* Tomo III. Buenos Aires, 1982.

PALMA, Diego. *La práctica política de los profesionales.* Lima, CELATS, 1985.

WEISSHAUPT, Jean Robert (org.). *As funções sócio-institucionais do Serviço Social.* São Paulo, Cortez, 1985.

ZABALA, Manoel. *Metodologia sin método.* Buenos Aires, ECRO, 1974.

Capítulo 8

CHAIA, Miguel V. Estado, família e desemprego. *São Paulo em Perspectiva* 2(3): 176 ss., jul./set. 1988.

FLEURY, Afonso. Microeletrônica e organização da produção e do trabalho na empresa. *São Paulo em Perspectiva* 2(3): 56-61, 1988.

FALEIROS, Vicente de Paula. *A política social do Estado capitalista.* São Paulo, Cortez, 1980.

_____. *Metodologia e ideologia do trabalho social.* São Paulo, Cortez, 1981.

_____. *Saber profissional e poder institucional.* São Paulo, Cortez, 1985.

GRAMSCI, Antonio. *Os intelectuais e a organização da cultura.* Rio de Janeiro, Civilização Brasileira, 1978.

_____. *El materialismo histórico y la filosofía de Benedetto Croce.* Buenos Aires, Nueva Visión, 1971.

HIRATA, Helena. Trabalho, família e relações homem/mulher — reflexões a partir do caso japonês. *Revista Brasileira de Ciências Sociais*, 2(1): 5-12, São Paulo, out. 1986.

KARSH, Úrsula M. Simon. *O Serviço Social na era dos serviços*. São Paulo, Cortez, 1987.

LACLAU, Ernesto. Os novos movimentos sociais e a pluralidade do social. *Revista Brasileira de Ciências Sociais*, 2(1): 41-7, São Paulo, out. 1986.

VINCENT, Jean Marie. *Critique du travail. Le faire et l'agir*. Paris, PUF, 1987.

Capítulo 9

ALAYÓN, Norberto *et alii. Desafío al Servicio Social*. Buenos Aires, Humanitas, 1975.

ALMEIDA, Anna Augusta. O movimento de reconceptualização no Brasil: perspectiva ou consciência? *Debates Sociais*, XI, (21) out. 75, p. 43-52.

ANDER-EGG. *Trabajo social como acción liberadora*. Buenos Aires, ECRO, 1975.

_____. Ezequiel. *Metodología del trabajo social*. Barcelona, El Ateneo, 1982.

_____. *Achaques y manias del Servicio Social Reconceptualizado*. Buenos Aires, Humanitas, 1984. (Vol 5 das Obras Completas do autor.)

CANGUILHEM, Georges. *O normal e o patológico*. Rio de Janeiro, Forense-Universitária, 1978.

CELATS. *Trabajo social en América Latina. Balance y Perspectivas*. Lima, Ediciones Celats, 1983. Em português: *Serviço Social Crítico — problemas e perspectivas*. São Paulo, Cortez, 1986.

CBCISS. Documento de Teresópolis. Suplemento nº 4 de *Debates Sociais*, 1970.

CORNELY, Seno. *Serviço Social. Planejamento e Participação Comunitária*. São Paulo, Cortez & Moraes, 1970.

FALEIROS, Vicente de Paula. *Trabajo Social, ideología y método*. Buenos Aires, Ecro, 1972.

_____. *Metodologia e ideologia do trabalho social*. 6ª ed. São Paulo, Cortez, 1986.

_____. *Saber Profissional e Poder Institucional*. São Paulo, Cortez, 1985.

IAMAMOTO, Marilda Villela e CARVALHO, Raul de. *Relações sociais e Serviço Social no Brasil*. São Paulo, Cortez, 1982.

KOPNIN, P. V. *A dialética como lógica e teoria do conhecimento*. Rio de Janeiro, Civilização Brasileira, 1978.

LOPES, Josefa Batista. *Objeto e especificidade do Serviço Social*. São Paulo, Cortez & Moraes, 1979.

MARX, K. *Le XVIII Brumaire de Louis Bonaparte.* Paris, Editions Sociales, 1969.

NORTHERN, Helen. *Serviço Social com grupos.* Rio de Janeiro, Agir, 1974.

PALMA, Eloisa Pizarro de *et alii. Que es trabajo social? Escuela de Trabajo Social de la UCV.* Lima, CELATS, 1981.

RICHMOND, Mary. *Caso social individual.* Buenos Aires, Humanitas, 1962.

SANTOS, Leila Lima. *Textos de Serviços Social.* São Paulo, Cortez, 1982.

ZABALA, Manoel C. *Metodología sin método.* Buenos Aires, ECRO, 1974.

Capítulo 10

ALBUQUERQUE, J. A. Guilhon de. *Instituição e poder.* Rio de Janeiro, Graal, 1980.

ALTHUSSER, L. *Posições I.* Rio de Janeiro, Graal, 1978.

CARDOSO, C. F. e BRIGNOLI, H. P. *Os métodos da história.* Rio de Janeiro, Graal, 1983.

FALEIROS, Vicente de Paula. *A política social do Estado capitalista.* São Paulo, Cortez, 1980.

_____. *Metodologia e ideologia do trabalho social.* São Paulo, Cortez, 1981.

_____. *Saber profissional e poder institucional.* São Paulo, Cortez, 1985.

GOLDMANN, L. *Ciências humanas e filosofia.* São Paulo, Difel, 1984.

KIRK, S. Comprendre le mode d'utilisation de la recherche en Service Social. In: RUBIN, A. e ROSENBLATT, A. (orgs.). *Recueil de testes inédits sur l'utilisation de la recherche en Service Social.* Québec, PUL, 1984.

KISNERMANN, N. *El método de investigación.* Buenos Aires, Humanitas, 1982.

KUHN, T. S. *A estrutura das revoluções científicas.* São Paulo, Perspectiva, 1978.

MARX, K. *Contribuição à crítica da economia política.* São Paulo, Martins Fontes, 1983.

_____. *O capital.* São Paulo. Abril Cultural, 1983.

MILLS, W. *A imaginação sociológica.* Rio de Janeiro, Zahar, 1972.

NUNES, E. *A aventura sociológica.* Rio de Janeiro, Zahar, 1979.

SCHAFF, A. *História e verdade.* São Paulo, Martins Fontes, 1978.

SILVA, O. S. e SOUZA, S. de M. P. Santos. *Prática de investigação.* São Paulo, Cortez, 1984.

Capítulo 11

ALFANDARI, Eli. *Action et aide sociales.* Paris, Dalloz, 1989.

BELLAING, Louis Moreau de. *La misère blanche. Le mode de vie des exclus.* Paris, L'Harmattan, 1988.

CASTEL, Robert. *Les métamorphoses de la question sociale*. Paris, Fayard, 1995.

FALEIROS, Vicente de Paula e ROSA, Lutero de Oliveira. *Perfil das entidades atendidas pelo programa Criança/Esperança*. Brasília, UNICEF, 1990.

FALEIROS, Vicente de Paula. A construção do conceito de assistência social: aproximações e divergências na produção do Serviço Social. *Cadernos do Núcleo de Seguridade e Assistência Social* n° 2:13-27, São Paulo, PUC/SP, abr. de 1995.

FALEIROS, Vicente de Paula. A questão da assistência social. *Serviço Social & Sociedade* X (30): 109-26, São Paulo, Cortez, 1989.

_____. *A política social do Estado capitalista*. São Paulo, Cortez, 1980.

FERNANDES, Ruben César. *Privado, porém público*. Rio de Janeiro, Relume-Dumará, 1994.

KLIKSBERG, Bernardo (org.). *Pobreza: un tema impostergable; nuevas respuestas a nivel mundial*. México, Fondo de Cultura Económica, 1993.

LANDIM, Leilah (org.). *Para além do mercado e do Estado. Filantropia e cidadania no Brasil*. Rio de Janeiro, ISER, 1993 — Textos de Pesquisa.

MOLLAT. *Os pobres na Idade Média*. Rio de Janeiro, Editora Campus, 1989.

PAUGAN, Serge. *La societé française et ses pauvres*. Paris, PUF, 1993.

PEREIRA, Potyara A. P. *A assistência social na perspectiva dos direitos*. Brasília, Thesaurus, 1996.

PYLE, Kaye. *Notas sobre filantropia nos Estados Unidos*. Rio de Janeiro, ISER/Inter-american Foundation, 1993.

ROSANVALLON, Pierre. *La nouvelle question sociale. Repenser l'Etat Providence*. Paris, Seuil, 1995.

_____. e FITOUSSI, Jean. *Le nouvel âge des inégalités*. Paris, Seuil, 1996.

SCHWEINITZ, Karl de. *England's Road to Social Security*. New York, Perpetua Book, 1975.

SMITH, Steven Rathgeb e LIPSKY, Michael. *Nonprofits for hire. The welfare state in the age of contracting*. Cambridge, Harvard University Press, 1994.

SPOSATI, Aldaíza et alii. *Os direitos (dos desassistidos) sociais*. São Paulo, Cortez, 1989.

VALLADARES, Licia e COELHO, Magda Prates (org.). *Governabilidade e pobreza no Brasil*. Rio de Janeiro, Civilização Brasileira, 1995.

VIVES, Juan Luis. *Del socorro a los pobres*. In: *Obras Completas*, Tomo I, Madrid, Aguilar, 1947.

Sobre o autor

VICENTE DE PAULA FALEIROS — Nasce em 1941 em Capetinga, Minas Gerais. Em 1965 forma-se em Serviço Social em Ribeirão Preto, São Paulo. Conclui a especilização em Economia na Universidade de Brasília em 1967 e o doutorado em Sociologia na Universidade de Montreal em 1984. Realiza estudos de pós-doutorado com Pierre Rosanvallon em 1991. De 1966 a 1970 trabalha na Fundação do Serviço Social do DF. Exilado, a partir de 1970, leciona na Universidade Católica de Valparaíso (Chile) e na Universidade Laval (Quebec). Em 1980 passa a lecionar na Universidade Federal da Paraíba, até 1984, quando ingressa na Universidade de Brasília, com aprovação para professor titular em 1993. Aposentado em 1997, dedica-se a consultorias, pesquisas, à coordenação do CECRIA — Centro de Referência, Estudos e Ações sobre Crianças e Adolescentes — e age como representante da área do Serviço Social no CNPq. Tem oito livros publicados nas áreas de política social e serviço social, sendo quatro pela Cortez Editora e 50 artigos em revistas nacionais e estrangeiras. Tem dado conferências e cursos em várias universidades da América Latina, Canadá e Europa. Está casado desde 1967 e tem dois filhos.